Éloge (
vagabo

DU MÊME AUTEUR

On a roulé sur la terre (en collaboration), Robert Laffont, 1996.

La Marche dans le ciel (en collaboration), Robert Laffont, 1998.

Himalaya (en collaboration), Transboréal, 1998.

Les Métiers de l'aventure et du risque, Hachette, 2000.

La Chevauchée des steppes (avec Priscilla Telmon), Robert Laffont, 2001.

Nouvelles de l'Est, Phébus, 2002.

Carnet de steppes (avec Priscilla Telmon), Glénat, 2002.

Les Pendus, Le Cherche Midi, 2004.

Les Jardins d'Allah, Phébus, 2004.

Chroniques des bords du Rhin, Le Verger éditeur, 2004.

Katastrôf !, Mots et Cie, 2004.

L'Axe du loup, Robert Laffont, 2004.

Petit Traité sur l'immensité du monde, Les Équateurs, 2005.

Sous l'étoile de la liberté, Arthaud, 2005.

Sylvain Tesson

Éloge de l'énergie vagabonde

Éditions des Équateurs

© Éditions des Équateurs, 2007.

Courriel : editionsdesequateurs@wanadoo.fr
Site Internet : www.equateurs.fr

« Je me balade par la steppe. Je ne peux pas rester à la maison. Je ne puis pas ! »
Tchekhov, *La Steppe*, 1888.

« Eh, ralentissez, mes chevaux, allez, ralentissez !
N'écoutez pas les ordres de mon fouet. »
Vladimir Vissotski,
Les Chevaux entêtés, 1972.

Pour Astrid et Julien.

Sommaire

I. Aral 11
II. Oustiourt 33
III. Steppes kazakhes 51
IV. Aktau 65
V. Caspienne 79
VI. Bakou 101
VII. Azerbaïdjan 117
VIII. Caucase géorgien 141
IX. Anatolie 171
X. Kurdistan 201

Cartes 229

I
Aral

Avant un long voyage, il faut se couper les cheveux. Les moines accomplissent ce rituel au moment d'entrer au couvent. Partir dans la steppe, c'est choisir le cloître : on est seul. On ne croise pas grand monde. On scrute le ciel. On rêve d'en finir et lorsque c'est fini, on voudrait recommencer. « Trois millimètres », dis-je en russe au premier coiffeur ouzbek rencontré dans le bazar de Noukous, capitale de la Karakalpakie. Le type prend une tondeuse crasseuse et les mèches me tombent sur les épaules. Bientôt, à mes pieds, elles forment un petit champ. C'est l'automne de mon crâne. Dans la télé, au-dessus des miroirs, une Lolita russe se trémousse en hurlant. Ses piercings la font-ils souffrir à ce point ? Je me lève, paie un dollar et me lance à travers les monts chauves de l'Asie centrale.

Je suis venu en Ouzbékistan par avion, avec ma bicyclette dans les bagages. À Paris, à l'aéroport, la compagnie ouzbek n'acceptait d'embarquer mon vélo qu'empaqueté dans un carton. Mais les Ouzbeks n'en fournissaient pas et ils m'ont dirigé vers la compagnie suisse qui possède des emballages très réputés mais qui n'a pas le droit de les vendre pour les vols à destination de l'Asie centrale. La dame du guichet suisse m'a conseillé de demander un carton à Air France, mais le chef d'escale français était injoignable et j'ai dû envelopper mon vélo de sacs en plastique. J'avais l'air d'un clochard emmêlé dans ses bouts de ficelles et ses rouleaux de scotch. Hautaines dans leurs tailleurs, les hôtesses me regardaient. Avant d'envoyer le vélo sur le tapis roulant, j'ai protégé le dérailleur avec un exemplaire du *Monde* à la une duquel se détachait ce titre : NOUVELLE HAUSSE DES PRIX DU PÉTROLE.

Sous le ventre du Tupolev de l'Ouzbekistan Airlines, passe le Kyzylkoum, le *désert des sables rouges*, coupé par le fleuve Amou-Daria. Les barkhanes dessinent comme les cannelures d'un lapiaz à la surface d'un karst. C'est-à-dire, pour ne pas sombrer dans le jargon géomorphologique, que la peau du désert s'est couverte de vergetures sous le knout des rafales de l'ouest.

De l'autre côté du fleuve, le Turkménistan avec le Karakoum, *désert des sables noirs*. Ces deux étendues réunies forment le quatrième plus grand désert du monde. La vodka qu'on m'a servie descend âprement. J'ai l'impression d'avaler du sable. À travers un hublot, un verre à la main, le désert est angoissant. Moins sans doute qu'un avion, vu de la dune où l'on serait en train de crever de soif. J'aime survoler les déserts parce que les considérables tentatives de l'homme pour y survivre sont invisibles. Je pense à mon vélo dans la soute. Avec lui, il y a douze ans, j'ai fait le tour du monde. Depuis, je suis attaché à ce clou.

J'aurais pu acheter un vélo chinois à Tachkent et le balancer dans la nature en cours de route. Je me serais épargné des tracas. Cela m'écœure de me débarrasser des objets. Dans sa boulimie de production, la modernité crée des produits sans avenir. Le capitalisme c'est la réduction de l'intervalle entre le moment où l'on achète un objet et où on le remplace. Les gens abandonnés, eux, peuvent s'en sortir, les objets non. Ils rouillent, ils partent en poussière. Je ne leur suis plus aussi indifférent qu'autrefois. Quand on les méprise, ils s'abîment. Il faut alors les jeter, en aquérir d'autres et, ainsi, devient-on un consommateur compulsif. C'est le matérialisme qui gagne une partie engagée au nom de l'indifférence à la matière. Hommes qui n'aimez pas les choses, accordez-leur grand soin pour n'en point trop posséder, ni devoir les changer sans cesse !

L'avion survole le réseau de canaux de l'oasis du Khorezm : un jardin au milieu du désert. Il y a six mille ans, on le cultivait déjà. Les Mongols ont voulu le détruire. Les Russes ont réussi : ils ont même asséché la mer d'Aral pour les besoins de l'agriculture et la gloire du plan quinquennal ! Le pilote annonce la descente. J'imagine la mer d'Aral, au nord, tapie comme une goutte que l'atmosphère tente d'aspirer. De toute sa force, elle s'accroche à la terre.

Les ressources de l'Aral et de la Caspienne sont l'enjeu de hautes luttes entre les nations. Après 1991, date de la chute finale (Dieu ait l'âme de l'Union), des réserves immenses de pétrole et de gaz ont été découvertes dans la région. Les mers sont devenues des nappes blanches dressées pour le festin. Dans la première on recherche le gaz, dans la seconde, le pétrole. Autour de la table caspienne, ils sont au moins douze candidats au partage, douze compagnies pétrolières approvisionnant des peuples jamais rassasiés. De nouveaux oléoducs ont gagné du terrain, rampant sur le dos des steppes pour convoyer l'or noir. Un soir, dans un bar, un plaisantin russe m'a dit qu'il fallait désormais appeler la région le *pipelinistan*.

Mais l'Asie centrale porte dans son nom sa propre tragédie. Son histoire balance entre la double difficulté de digérer les invasions et d'évacuer ses richesses. Les pipelines sont là pour organiser l'évasion de la houille. L'Europe a récemment réussi à en tirer quelques-uns jusqu'à elle. Ce sont eux que je vais suivre à bicyclette à travers l'Oustiourt vers la côte caspienne. Demain, je ferai le premier kilomètre vers l'Ouest dans cette direction solaire suivie jadis par les hordes hunniques et vers laquelle s'engouffre aujourd'hui le gaz du Touran.

Je gagnerai Bakou par un de ces ferries qui rallie le Kazakhstan à l'Azerbaïdjan. De Bakou, j'irai vers la Turquie par la Géorgie. À pied ou à vélo je ne le sais pas encore, mais *by fair means*, loyalement, sans propulsion motorisée. Au bout de ma route, j'aurai relié trois mers, parcourant le même trajet qu'une larme d'or noir de la haute Asie convoyée à travers steppes et monts jusqu'au ventre des tankers de Méditerranée pour que le monde poursuive sa marche folle[1].

Ce voyage m'a été inspiré par ma passion des oléoducs. Les tubes m'obsèdent, les pipelines me ravissent. Je peux contempler pendant des heures les striures dessinées par leur réseau sur les cartes de géographie. On croirait les intestins de quelque dieu de l'énergie qui se serait fait hara-kiri devant les menaces de la pénurie d'hydrocarbures. Le long de tracés rectilignes, les *pipes* convoient une pâte visqueuse. L'huile fluide coule dans le tube en dur pareille au sang dans l'artère. L'entrelacs de ses serpents charriant le boudin noir des sous-sols ressemble à des veines qui irrigueraient le plus vaste organisme vivant : l'humanité.

Les oléoducs constituent des invitations au voyage. Ils dessinent des itinéraires excitants. Ils sont des lignes de fuite. Ils symbolisent les axes de tension entre les nations. Leurs fils raccordent les gisements souterrains aux mers lointaines. Leurs

---

1. Voir carte n° 1.

tracés se frayent chemin à travers les faiblesses de la géographie. Par les cols, les vallées et les plaines, ils empruntent les routes historiques. Là où sont passées les hordes en haillons, les caravanes de marchands, là où furent ouvertes les premières pistes, posés les premiers rails, là fuse aussi le pétrole.

Profitant de cette traversée de terres à haute valeur pétrolifère je veux consacrer mon temps d'avancée solitaire à réfléchir au mystère de l'énergie. Celle que nous extrayons des strates de la géologie mais aussi celle qui attend son heure au plus profond de nous — moteur insaisissable qui génère les actions, les paroles, les pensées. Ce volcan dont on ne sait de quel feu il se nourrit ni quand il partira en cendre. Pétrole et force vitale procèdent du même principe : l'être humain possède un gisement de forces que des forages propices peuvent faire jaillir. Je tâterai de ces ressorts qui nous jettent dans l'action, nous poussent à nous lever le matin, nous condamnent à une vie hâtive au lieu de nous convertir à l'adage zen : *first do nothing, then rest*. Peut-être ainsi saurai-je mieux puiser au fond de moi les réserves d'énergie, convoquer mes forces et libérer celles qui hibernent dans les recoins de mon âme.

J'avais deux solutions pour mener ces réflexions : poser mon cul sur une chaise de bois et, la tête dans les mains, creuser la question avec la pelle du silence et du temps. Ou bien actionner les rouages de mon corps, battre le tapis des steppes, recourir à mes ressources physiques pour tailler la route à travers un univers de prédation des réserves naturelles et nourrir mes interrogations. J'ai parié que le mouvement est le derrick de la pensée. Les idées jailliront mieux sous les pas du vagabond que sous le couvercle de la méditation.

Noukous. Sur le tarmac de l'aérodrome, à huit cents kilomètres au nord-ouest de Tachkent et à deux cents kilomètres au sud du rivage de l'Aral, je dépiaute les lambeaux de plastique autour de mon vélo. Bonne vieille conseillère, la superstition me souffle à l'oreille que j'ai bien fait de partir avec lui. Une bicyclette flambant neuve aurait attiré les démons.

Dans le crépuscule, j'achève de gonfler les pneus. Sur le seuil des portes de leurs *Zhigulis*[1], deux chauffeurs de taxis se foutent de moi.
— Où vas-tu ? me dit l'un.
— Au Kazakhstan, dis-je.
— À vélo ?
— Ouaip.
— Tu voyages à vélo parce que tu n'as pas d'argent ?
— Niet ! dit l'autre, parce qu'il en a trop.

---

1. Voiture prolétarienne, plus petit modèle de Lada existant.

Passer chez le coiffeur est la seule affaire qui me retienne à Noukous. Le surlendemain, l'épreuve commence. À cinq heures du matin, le 13 juin, je monte sur la selle de mon vélo. À six heures, je crève. À six heures quinze, je remonte en selle. À huit heures, je suis crevé. Il fait déjà 40 °C. J'en suis à ma troisième heure de voyage. Restent trois mois.

À la sortie de Noukous, je franchis l'Amou-Daria. En dessous du pont, un homme prie, plus loin, d'autres pêchent. Le maigre ruban rose du fleuve n'atteindra pas la mer, épuisé par les pompages. Les ingénieurs agronomes l'ont saigné jusqu'à l'agonie pour habiller de coton le désert. Le premier jour, je pédale cent trente kilomètres dans la désolation de la Karakalpakie. Cette région autonome de l'Ouzbékistan a été la première victime du pillage de l'Aral par les Soviétiques. Une fois la mer asséchée, des vents de sables se sont levés et ont emporté les terres arables. Les saisons ont frappé comme des maillets chauffés à rouge pour l'été, de glace pour l'hiver. La mer n'est plus là pour tempérer les ardeurs du ciel ni nourrir les hommes. Des villages déshérités attendent la cuisson finale sous un ciel de plus en plus chaud. Des plaques de sel ont recouvert la surface du sol. La terre a la gale. Plus personne n'a de force pour lui gratter les croûtes. Pour la troisième fois de ma vie, mes pas me portent ici. Alors qu'il y a la Toscane, les bords de la Loire, Vienne et Bellagio.

J'aime les terres ex-soviétiques. Elles m'aiment. Je suis sensible à l'esthétique de leur déglingue. Rien ne me plaît davantage qu'un village portant nom de *Komsomol* ou de *Partisan*, à demi vide, dégouttant de boue sous un ciel d'acier, appuyé sur les béquilles de pylônes tordus et de piédestaux désertés, peuplé d'ivrognes, de *hooligans*, de filles qui font la gueule et de vieilles gens nostalgiques de l'Union soviétique. Dans ces décors de désespérance, on ne soupçonne pas que derrière le seuil hostile des bicoques, couvent les braises. Il suffit de souffler à l'heure propice dans la chaudière intérieure des Russes et de leurs anciens colonisés. Alors le bouchon des bouteilles et la bonde des cœurs sautent. Avec le mauvais cochon et la vodka *Parliament*, des histoires extravagantes sont servies à la table des hôtes. Se mêlent les souvenirs du service militaire à Mourmansk, la traîtrise de Gorbatchev, la fraternité soviétique, la peur éternelle de l'ombre du Kremlin.

À ma naissance se dressait un rideau de fer. Je suis un enfant de l'Ouest attiré par l'autre côté du continent. Après l'effondrement de l'Union soviétique, de rapides voyages dans le monde russe m'ont inoculé le venin de l'Est. La première fois que je suis allé à Moscou, j'ai eu le sentiment d'y retrouver ma place. Partout dans le monde, la Russie a des enfants ignorant qu'elle est leur mère. Aucune explication à ce mystère. L'irrationnel tisse entre les êtres et les lieux des liens plus solides que les cordons de chair. Je me sens mieux entre les bulbes et les bouleaux qu'entre les chênes et les clochers. Qu'y faire ? Partir.

Le soir, je dors dans une de ces bourgades où rôdent les sanglots : Khungrad, sur le flanc oriental de l'Oustiourt.

L'Oustiourt est le plateau désertique situé à cheval sur les républiques ex-soviétiques du Kazakhstan et de l'Ouzbékistan. Il sépare l'Aral de la Caspienne. Aux temps titanesques, il y a huit millions d'années, ces deux étendues formaient avec la mer Noire un océan unique. À cause des profonds tourments que la pauvre Terre connaissait alors, le sol se souleva et le fond de la mer s'éleva vers le ciel. Les eaux refluèrent. Apparut l'Oustiourt. Aral et Caspienne sont les flaques résiduelles de ces époques premières. Deux larmes laissées là au moment des adieux. L'Oustiourt est le dos cuirassé d'un monstre marin dégagé de ses eaux. Aujourd'hui, à sa surface, il n'y a qu'à se baisser pour trouver des fossiles : fruits de mer posés par le temps sur un très vieux plateau.

Des peuples brutaux, ancêtres des Scythes et des Sarmates, prospérèrent sur les étendues découvertes. Ils vivaient vite et peu, chevauchaient en hurlant et enterraient leurs morts dans des tombes circulaires. Aujourd'hui les barbares ont disparu et une steppe couvre l'Oustiourt. La végétation n'atteint pas le mollet. L'hiver, le gel, l'été la canicule. La température peut atteindre 50 °C. Si l'on se perd, on meurt. Il n'y a pas de cartes, peu d'informations, aucune description. Un Arabe, Ibn Battuta, a traversé les lieux au XIIIe siècle mais il se contente d'écrire qu'il lui fallut quarante jours. Des marchands de la soie, des nestoriens, quelques ambassadeurs byzantins, des zoroastriens s'y sont égarés eux aussi sans jamais rien raconter. Au mois de juin, le plateau est écrasé de soleil et envahi d'araignées. La chaleur et les arthropodes sont les deux choses que je crains le plus au monde. Pourtant, c'est vers ces parages que je pédale de toutes mes forces en un vendredi de juin.

En voyage, le premier jour on se demande pourquoi on est parti. Les autres jours, on se demande comment rentrer. Ce soir, à Khungrad, j'installe mon bivouac près de la gare de chemin de fer, dans un terrain vague d'où je déloge une vache qui mange un carton de l'US-Aid. Je me glisse dans l'étui de ma tente tubulaire. Sous la toile c'est l'étuve, mais je suis protégé des araignées. Plutôt crever de chaud que mourir de peur. Dans la fournaise de l'insomnie, j'écoute taper contre mon crâne le boutoir des questions : pourquoi suis-je revenu en Karakalpakie ? Vais-je m'imposer la traversée de l'Oustiourt en plein mois de juin ? Pourquoi avoir quitté les miens et comment éteindre ce bourdonnement de nostalgie qui m'envahit de sa *basse continue* ?

Avant de me lancer, tête baissée sur le plateau désert, vers la Caspienne, je veux jeter un regard dans le fond asséché de la mer d'Aral. Je cherche un camion pour un aller-retour. Je laisse ma bicyclette dans une ferme. Je la reprendrai dans quelques jours pour continuer ma route.

Depuis que les Soviétiques en sont venus à bout (« il y a la mer et qui peut l'épuiser ? » se demandait Eschyle ignorant les Russes), des compagnies gazières se sont installées sur le socle dénudé. Après avoir pompé les eaux, les hommes poursuivent leur œuvre prédatrice. Ils ont vidé la mer, ils forent à présent. Il ne nous suffit pas de bouleverser l'équilibre de la nature, encore veut-on lui faire rendre gorge jusqu'à l'ultime réserve. Fouailler le fond de l'Aral c'est arracher les dents du cadavre qu'on vient de trucider. Une fois le gisement à sec, il sera encore temps d'ouvrir une carrière pour récolter les pierres ! Les aménageurs moscovites qui ont programmé le sacrifice de l'Aral sur l'autel de la production de coton avaient-ils escompté en siphonner un jour les hydrocarbures ?

J'embarque à bord du camion de Bara, un kazakh d'Ouzbékistan, bon connaisseur des rivages araliens. Dans la région, les meilleurs spécialistes du terrain sont les anciens marins. Autrefois, ils voguaient sur les flots bleus, à présent, ils raclent le cul de la mer au volant de machines russes. La mer se tient à cheval sur la frontière du Kazakhstan et de l'Ouzbékistan. Au nord, côté kazakh, la ville d'Aralsk se dessèche lentement. Au sud, côté ouzbek, l'ancien village côtier de Moynak, végète à cent kilomètres du rivage. Les habitants doivent l'envier, cette mer, d'avoir foutu le camp. Au-delà de l'ancienne jetée, nous roulons *sur* le tapis marin, écrasant les coquillages, ouvrant une tranchée dans les saxaouls[1].

— La nuit, il faut faire attention, me dit Bara. Un copain a eu un accident, il a percuté une ancre de bateau.

Tous les dix kilomètres, les derricks se succèdent. Nadir et Mirbek, ingénieurs en chef d'une station, m'invitent à monter au sommet d'une tour de forage. Les géologues ont localisé du gaz à deux mille neuf cent cinquante mètres de profondeur. La foreuse a déjà atteint deux mille sept cents mètres.

— Encore une semaine et *pschitt !* dit Nadir.

Au sommet, je me prends à rêver que Moynak, dans dix ans, une fois le gaz et le pétrole jaillis, ressemblera à Dubaï avec casinos et fitness-clubs. Le désert saoudien fut transformé en hôtel de luxe par la grâce des pétrodollars. De là-haut, même vision que de la hune d'un navire : une étendue plate, infinie. Mais au lieu d'une nappe d'eau, une croûte cal-

1. Plante saline des zones arides du Touran.

cinée. Les camions de passage ont laissé sur la carapace du sol des centaines de filandres, couleur d'argent.

La colonne de forage grince. La structure métallique date d'Andropov. Les piles d'acier tordu sont maculées de boue. Les rambardes branlent et la rouille perce les marches des escaliers d'accès. Une odeur de pneu fondu rôde dans l'air. Des soudeurs bricolent des raccordements au pied du derrick. Ils travaillent à genoux sur des tapis de coquillages orphelins de leur mer. Tout à l'heure, avant de passer à table, ils se laveront les mains avec de la soude caustique. Les cadrans de contrôle défoncés indiquent des chiffres fantaisistes. *Soviet's apocalypse*.

Devant ce décor, le fatalisme d'un ministre d'Eltsine, Tchernomyrdine, me revient à la mémoire. Un journaliste lui demandait de résumer son bilan. Réponse du ministre, si triste et tellement russe : « Nous avons voulu faire pour le mieux, mais cela a été comme d'habitude. »

Les deux ingénieurs viennent de Boukhara. Avec leurs ouvriers, ils vivent au pied de la tour, dans des roulottes de métal meublées de quelques lits. Régime de travail : un mois au fond du chaudron aralien, quinze jours de repos en ville. La force de l'Ouzbékistan c'est la rusticité de ses serviteurs. On entre boire un coup. Le vent balaie le vide. La vodka chasse le néant en soi.

Plus loin, vers l'ouest, une équipe d'ouvriers installe un pipeline. L'arc à souder troue l'air d'un éclair bleu. Les hommes raccordent les plates-formes de forage aux deux grands gazoducs qui strient l'Oustiourt ; l'un convoyant le gaz plein nord vers l'Oural russe et Tchéliabinsk, l'autre l'acheminant au nord-ouest vers Saratov, la Russie occidentale, l'Europe enfin[1]. Je ne peux m'empêcher d'imaginer ce que j'aurais vécu ici, en plongeant, il y a quarante ans : la caresse des algues, la valse des poissons.

Pour l'instant, nulle découverte de pétrole en mer d'Aral. Aussi me contenterai-je, dans la partie orientale de l'Oustiourt, de longer les anastomoses des gazoducs. Je ne pénétrerai dans des steppes à or noir qu'une fois la région du Mangyshlak atteinte, au Kazakhstan. Gaz et pétrole sont deux sœurs, appartenant à la famille des hydrocarbures fossiles. Elles sont nées au plus profond des sols d'une nuit d'amour entre le temps et la matière. On ne peut les dissocier, ni s'intéresser à l'une en négligeant l'autre. Les réserves de pétrole piégées dans les roches sont toujours constituées d'un mélange de gaz et d'huile. Lorsqu'ils forent la terre, les ingénieurs ne savent jamais s'ils perceront un gisement de gaz pur ou une nappe de pétrole qui en sera chargée[2]. L'exploitation des deux éléments répond aux mêmes impératifs techniques. Les enjeux qu'ils

---

1. Voir carte n° 2.
2. Le gaz est une énergie très volatile. Il faut 1 000 mètres cubes de gaz pour produire l'équivalent énergétique d'un mètre cube de pétrole.

soulèvent agitent les mêmes passions. Les luttes d'intérêts pour leur possession engagent les mêmes protagonistes. L'or gris et l'or noir coulent ensemble dans les veines de l'économie du monde.

Lorsqu'on roule vers l'occident, au fond de l'Aral, on finit par buter contre une falaise. En Asie centrale, on appelle *tchink* les espacements rocheux. La paroi, de plus de cent mètres de haut, court du nord au sud sur deux cents kilomètres et bordait autrefois le flanc occidental de la bassine maritime. Son sommet constitue la meilleure loge pour regarder l'Aral s'asphyxier comme un rat au fond de son trou. Au pied de l'abrupt, le fond de la mer. En haut, le revers du plateau de l'Oustiourt. Entre les deux, un mur de couches tendres et de strates fossiles, un manteau d'arlequin géologique. Peut-on rêver une disposition plus scolaire ? Le *tchink* est une leçon de géomorphologie préparée par un dieu pédagogue[1].

Bara juche son camion sur le plateau. Nous roulons vers le bourg de Komsomolsk-sur-Oustiourt. Le soleil couchant immisce une dernière lame de lumière entre l'épaisse couverture de nuages et le plateau. On croirait qu'il essaie d'ouvrir l'huître du soir. Puis c'est le noir : celui de la nuit, du sommeil.

Au milieu de la mer d'Aral, sur l'ancienne île Nikolaev, les ingénieurs staliniens ont installé une

---

1. Voir carte n° 3.

base bactériologique. Ils l'ont appelée *Renaissance*. Les bacilles de l'anthrax et de la peste bubonique y étaient alors cultivés. Il s'agissait de préparer la guerre bactériologique. L'île a été évacuée en 1991. En 2002, les Américains l'ont nettoyée de tout résidu d'anthrax, juste avant que le reflux des eaux ne la relie au continent. Pour approvisionner *Renaissance*, une base de l'Armée rouge fut construite sur la grève de l'Aral, sous le *tchink*, à quelques dizaines de kilomètres au sud de la frontière kazakhe. C'est de là qu'on acheminait sur l'île les chimpanzés destinés aux expérimentations. Une route de ciment descend vers la grève, sinuant dans un affaissement du *tchink*. Bara y engage le camion, descend dans la marmite.

L'érosion a livré de beaux combats. Les couches dures ont perdu la bataille, elles se sont effondrées en chaos car elles reposaient sur des strates faibles, emportées par le temps. Des blocs de calcaire fossilifère durcis par la patine des âges reposent dans un désordre de charnier. Au loin on voit le banc de sable de *Renaissance* comme un fil de couteau argenté sur le bleu de la mer. De la base soviétique, ne subsistent que des ruines de ciment et quelques graffitis de soldats : Oleg 1986 & Micha 1982. J'aide Bara à siffler le demi-litre de *Cristal (45º)* qu'il gardait pour l'occasion. Nous levons les verres de vodka — ce conservateur — au progrès. Puis on boit à la dernière goutte de sang bleu de l'Aral.

Lorsque j'ouvre mon calepin pour jeter ces notes, je suis déjà saoul. « Les Soviétiques ont connu un fantastique delirium tremens sabbatique. Leur danse alchimique a duré soixante-dix ans. Pour créer l'aurore en Ouzbékistan, ils ont vidé l'athanor de l'Aral. Ils y ont tout perdu car l'alchimiste est toujours puni d'avoir voulu se hisser sur le piédestal des dieux. Mais ils ont dévoilé au fond de ce chaudron le plus beau spectacle qui se puisse admirer, ce que l'eau cachait à nos yeux : le fond d'une mer. Ils ont retourné le miroir. »

Sur le plateau, à dix kilomètres à l'ouest de Chylaboulak se dresse une plate-forme gazière. La tour de forage est rutilante.

— Investissement chinois ! me dit Rafik, maître des lieux qui dirige une équipe de vingt-quatre ouvriers.

Il a une tête magnifique de barbare steppique, toutes les dents en or rangées dans une mâchoire carrée et une arcade sourcilière proéminente comme un balcon où se seraient trop penchés les soucis.

La modernité de ces équipements contraste avec l'atmosphère d'abandon offerte par les installations russes dont on n'arrive jamais à démêler si elles sont encore en travaux ou bien déjà en ruine. Rafik est dépité.

— Cela fait des mois qu'on creuse. On est déjà à trois mille mètres, on n'a rien trouvé ! Au sud de l'Oustiourt, ils ont du gaz à moins de deux mille mètres !

Forer, art difficile qui consiste à se trouver au bon endroit (précisément au-dessus du gisement) au bon moment (des millions d'années après la décomposition des houilles). Rafik nous offre une tournée de vodka dans une des casemates de la base. Il ouvre une *Tamerlan*. Nous abattons les *shots*. Dans l'ex-Union, la chose qui manque le moins c'est une raison de boire : Au pétrole ouzbek ! Un verre. Aux compagnies chinoises ! Un verre ! Au gaz russe. Un verre. Aux troupes d'assaut ! Un verre. Quel jour sommes-nous ? Jeudi ? Aux jeudis ! Encore un verre.

Par la fenêtre de la roulotte, je regarde les hommes s'activer autour de la colonne de forage. Ils ont le visage des Sarmates : têtes de cavaliers taillées par la gouge des hivers. Dans leur masque de poussière balafré de giclées d'huile, la sueur creuse des rigoles. Leurs ancêtres dépensaient leur énergie vitale en galopant sur le dos de l'Oustiourt. Se doutaient-ils que leurs descendants creuseraient un jour le ventre de la steppe pour en extraire l'énergie en dormance ?

Les efforts que fournissent ces 24 hommes, la dureté de leur condition d'existence, la désolation de leur horizon, la rudesse des rapports humains : cela pour que le gaz procure sa petite flamme douillette à dix mille kilomètres de là, dans un foyer bourgeois où pas une âme moelleusement endormie n'aura une pensée pour eux !

— Voulez-vous voir un tombeau sarmate ? demande Rafik.

Dans le camion, nous buvons un dernier coup au triomphe du mouvement pan-sarmate que nous venons de créer cinq minutes plus tôt. En cinq kilomètres, nous faisons un bond de trois millénaires, de la foreuse à gaz à la civilisation de la simplicité. Les Sarmates vivaient sur un cheval, un arc au poing et une peau de renard sur la tête. Leur énergie ne provenait pas de trois mille mètres de fond mais de trois mille années d'héritage dont chaque génération était le gisement dépositaire. N'ayant pas de houilles, ils avaient recours à leurs muscles. Leur énergie reposait au fond d'eux. Leur cœur était un baril. Ils vivaient à cheval dessus et c'était l'étincelle de leur regard de lynx qui, chaque jour, y mettait le feu. La tombe est un monticule de terre ceint d'une couronne de pierres sur lesquelles sont tracés quelques signes d'aspects runiques. Des os humains jonchent le sol, dispersés par de récents pilleurs.

Nous regagnons Khungrad en vingt-quatre heures, longeant la lèvre du *tchink*. Parfois une courbe de la falaise dévoile une perspective. L'escalier de Titan apparaît alors de profil. Forme molle des marnes, crêts tranchants des calcaires, traînées crémeuses des argiles. Et par-dessus le tout, le ciel, mercuriel, comme s'il essayait d'imiter les couleurs de la mer envolée.

Les derricks s'allument. Ils brillent dans la nuit. Ce qui se passe au fond du chaudron d'Aral incarne la voracité des hommes, cette mise en demeure de la nature de donner jusqu'à son dernier souffle ; cette injonction à la Terre de se livrer tout entière au formidable appétit de l'humanité ; cette prédation des tréfonds pour que la lumière règne à la surface un peu comme lorsqu'on va chercher l'inspiration au plus profond de soi pour faire jaillir une idée lumineuse.

À Khungrad, une dernière nuit avant le grand départ. Veillée d'armes, l'âme en veille.

II
Oustiourt

Une piste entaille le plateau de l'Oustiourt et longe le chemin de fer construit par les Russes à la fin du XIXe siècle pendant la conquête de l'Asie centrale. Le long de la voie ferrée un aqueduc approvisionne les stations de maintenance. Parallèlement, sur le côté nord, un pipeline à quatre tubes convoie le gaz turkmène et ouzbek vers l'Europe via la Russie. Plantés tous les cent mètres, les poteaux d'une ligne électrique. L'eau, le train, le gaz, la piste, le jus : cinq droites parallèles tracées sur l'ancien chemin chamelier qui reliait Astrakhan aux plaines du Khorezm. Cinq balafres rectilignes appellent à s'engouffrer vers l'horizon[1]. Les chameaux de la soie souffraient autrefois là où le train siffle. J'ai dix-huit litres d'eau accrochés à mon vélo. De quoi tenir entre les postes techniques de la voie ferrée. Un ivrogne de Khungrad m'a dit que je n'en n'aurai pas

---

1. Voir carte n° 4.

assez mais je l'ai soupçonné de ne rien connaître aux problèmes de consommation hydrique. Il a ajouté qu'à Aktau, sur la côte kazakhe de la Caspienne, des *businessmen* avaient ouvert un pub irlandais. *Let's go for a beer on the shore,* ai-je pensé en donnant le premier coup de pédale. Je prendrai peut-être même une bouteille de cidre *Strongbow* avec l'archer qui bande son arc sur l'étiquette. Ce matin, je suis une flèche avec un pub pour cible.

Le lendemain matin, à sept heures, la chaleur annonce que la journée sera mortifère. Existe-t-il encore l'espoir d'un bonheur lorsque l'aube est brûlante ? Un vent de forge souffle sur le plateau. À Noukous, Ashot, tenancier arménien d'un débit de vodka me racontait l'histoire de deux Ouzbeks tombés en panne à cent kilomètres de Jasliq, en plein Oustiourt.

— Ils s'étaient écartés de la piste. Ils sont allés chercher les secours à pied. On les a retrouvés deux semaines après, morts de soif. Dans le désert, on ne quitte pas son véhicule.

Oui mais si on est à vélo ?

Pendant une dizaine de jours j'avale la steppe, plein ouest. Mes roues tracent un sillon dans le lœss. Je tends un cordon entre deux mers. Je rêvais de l'Oustiourt depuis des années. Le nom seul gonflait d'excitation mes voiles intérieures. Plusieurs fois, à cheval, en camion, en side-car et même à bord d'un Yak-2 j'avais frôlé les bords du plateau sans jamais m'y enfoncer. L'Oustiourt se logeait dans le barillet de mes rêves et le canon de mon six-coups était braqué sur la première occasion. Et aujourd'hui, je ne regarde rien de ce qui m'entoure. Peu m'importe le paysage, c'est le nom que je voulais traverser. « La traversée des toponymes », c'est le titre que devrait porter tout récit de voyage. Au long du jour, je tiens la tête baissée, l'araire de mon regard planté dans la piste. Parfois avec un geste d'iguane, je lève le cou et jette lentement un coup d'œil à droite, puis à gauche. S'assurer que rien n'a changé autour de soi maintient l'âme en paix. Le coureur de steppes aime que tout soit en ordre, figé dans la fournaise. La panique le gagnerait si le paysage déployait sa variété et se présentait devant lui telle une cocotte de carnaval avec plumes de parade au cul et diadème au front. Trop de beauté épuise. La biodiversité n'est pas recommandée pour la tension artérielle des âmes poétesses.

Il y a six ou sept ans, j'ai appareillé pour l'océan des steppes. À cheval j'en ai goûté le parfum, appris à en connaître les facettes : alpages propices à la halte ou landes stériles. Pas à pas, j'en ai mesuré l'infinité. Je connais ce bonheur de gagner une yourte après des heures de peine. J'ai éprouvé l'excitation de repartir à l'aube. Il n'y a pas que les chevaux qui piaffent d'impatience devant un horizon.

J'ai compris la valeur d'une rencontre lorsque croisant un cavalier, échangeant quelques mots avec lui, je réenfourchais ma solitude, seule compagne fidèle. J'ai appris à reconnaître dans le lointain le filet de fumée d'une yourte et à y lire une promesse. J'ai compris qu'un cheval n'était pas une bête et qu'en selle je n'étais pas seul. J'ai beaucoup parlé aux montures que je chevauchais. Toutes m'ont écouté patiemment, leurs oreilles bien tendues vers l'arrière. Les kilomètres abattus sont le plus grand trésor qu'un homme peut amasser. J'ai regardé les ciels s'ouvrir et panser leurs déchirures. Personne n'assiste au spectacle de la steppe. Peu lui importe, elle le joue pour elle seule. Ce gâchis me ravit.

La steppe est une immensité carcérale. L'horizon barre le passage. Entre ces murs ouverts jamais je ne me suis senti aussi vivant. N'est-ce pas la « liberté sauvage » que l'explorateur russe Nikolaï Prjevalski partit cueillir un jour dans le ventre du Touran ? Il la poursuivit jusqu'à la mort.

Dans la Russie des temps impériaux, les hommes en rupture de ban prenaient la clé des steppes. Révoltés contre le tsar, les Cosaques, les Kalmouks s'y réfugiaient. Les cavaliers mongols surgissaient, s'y évanouissaient. Les Kazakhs y acquirent leur nom d'*hommes libres*. Venant du néant, rejoignant le vide, les voyageurs solitaires les sillonnèrent.

La steppe interdit l'endormissement. Le cavalier doit remettre sans cesse l'ouvrage sur le tapis des plaines. Nulle Capoue où le souci nomade risquerait de sombrer. La steppe, océan sans port d'attache. À peine abordés, il faut quitter les points d'ancrage.

J'ai maudit la steppe. Sous le soleil, je l'ai haïe. Dans sa stérilité, j'ai séché mes larmes. J'aurais donné mon royaume pour un sapin, un arbre sur lequel m'appuyer. Une route qui m'aurait emporté vers la ville. Mais le découragement ne dure pas. Le moindre événement — combat de coléoptères, galopade lointaine, ballet d'un vautour au-dessus d'une carcasse — abolit l'angoisse.

J'ai aimé l'humanité lors de longues journées passées sans voir âme qui vive. J'ai compris pourquoi les cavaliers hunniques ont fait du ciel un dieu. La steppe, tapis de mes prières, manteau de mes nuits.

De ce chaudron sont sorties les tribus nomades. Les clans sont devenus des hordes puis des peuples. Chacun, dans le sillage de ses troupeaux (*nous avançons derrière l'herbe,* disent les Mongols), bousculait le précédent et grignotait un arpent de steppe vers l'occident. La steppe, matrice des civilisations d'Eurasie.

Les géopoliticiens la placent au centre des équilibres du continent, au milieu des empires. Sur sa paume, les peuples se sont livré bataille. Chinois contre Mongols, Russes contre Ouzbeks, Arabes contre Perses, Turks contre tous. Les caravanes y ont circulé. Sur le dos des chameaux, les marchands transportaient la soie, l'argent, les armes. Aujourd'hui, le pétrole suit les mêmes routes. Sous les ciels délavés, les veines d'acier des oléoducs convoient le sang de la modernité. On voyage dans la steppe, on se croit aux confins du monde mais on en est au cœur. On se perd là où tout se joue. Il n'y a personne mais c'est l'humanité entière qui s'approvisionne ici.

À l'image des écrivains de salon ou des écrivains vénitiens il y eut des écrivains steppiques. Les uns avaient besoin du calme d'un cabinet. Le cliquetis des porcelaines, les nuances de l'automne par le carreau, l'ombre du soir sur la table de merisier suffisaient à leur inspiration. Les autres étouffaient dans le cloître des vies confinées. En la steppe ils reconnaissaient un terrain plus vierge encore qu'une page blanche. Un monde disposé au romanesque. Puisque la steppe est le royaume de l'illimité, les histoires de la steppe auront le goût de la grandeur. Les hommes qui ont chanté la démesure eurasiatique, Kessel dans sa *Steppe rouge*, Dumas au cours de ses voyages caucasiens, Kipling dans ses nouvelles afghanes ou indo-gangétiques « portent la marque d'un esprit tendu vers l'infini, vers l'inaccessible domaine de l'assouvissement complet[1] ». Certains lecteurs ont refermé leurs livres et courent à présent les steppes. Seul endroit où ils peuvent se passer de lecture.

Route de Jasliq. À midi, 45 °C. Pas un abri. J'attends le soir comme la promesse de l'aube. Je ne

---

1. Kessel, *Le Chant de Fedka*.

sais pas qu'à dix-neuf heures il fera encore 42 °C. Je m'allonge contre mon vélo, à même le sol. Le jerrycan et les sacoches du porte-bagages donnent un peu d'ombre à la tête. Le sac à dos fixé à l'arrière, un peu d'ombre aux jambes. Je reste quelques dizaines de minutes immobile, attendant que la température de mon corps redescende. Je n'aurais pas dû partir en juin. Dans les époques païennes, le soleil était un dieu aimé. Contrairement à la Terre qui demande sueur et sang avant de restituer ce qu'on y a planté, le soleil offre sa force généreusement, il dispense chaleur et lumière, n'attend rien en retour. Les prêtres et les peuples vénéraient ce don. L'astre se contentait de prières assaisonnées d'un peu d'encens. Pas besoin de répandre un sang sacrificiel comme on le faisait sur le sol avant la récolte. La terre est avide, le soleil, lui, ne mendie pas. Depuis cinq milliards d'années, il transforme quatre atomes d'hydrogène en un atome d'hélium. Cette combustion est le terreau de la vie. La Grande Centrale Jaune, reine du système, est mère de toute chose. Sans elle, ni hommes ni bêtes. Mais à chaque seconde où sont brûlées cent millions de tonnes d'hydrogène, la boule de feu diminue. Elle s'épuise à nous faire vivre. Et viendra le jour où elle se tarira. La Pauvre Mamelle en fusion crèvera de nous avoir abreuvés.

Toute source d'énergie se dégrade en même temps qu'elle rayonne. Tout principe vital s'affaiblit quand il agit. Ce qu'il donne, il se le retire à lui-même. Chaque plante qui croît, chaque gosse qui tète, c'est de l'hydrogène ponctionné dans la masse solaire. Cette dégradation irréversible s'appelle l'entropie. L'entropie du vagabond : il vieillit à chaque kilomètre. Irréparablement. Et plus il gagne de l'espace et plus il perd un peu du précieux temps qu'il lui reste à vivre. Un kilomètre arraché à ce foutu plateau de l'Oustiourt, c'est quelques calories semées sur la steppe stérile et dont jamais, jamais, jamais je ne récolterai le fruit.

Dix jours durant, le soleil se prend ainsi pour un marteau dont je serais l'enclume. Dans l'été de l'Oustiourt, tout est mort à cause de lui ; ailleurs, tout ne vit que grâce à lui. Le dispensateur de vie me tue. À trop chauffer, l'étoile retire la force qu'elle donne à ses sujets. Je n'ai jamais autant manqué d'énergie qu'en ces journées vouées à la célébration de l'énergie. J'avance, tête cuite. Seule ma bicyclette m'offre un peu d'ombre.

Jasliq est ma première étape d'importance. La bourgade se tient dans l'Oustiourt, sur le côté nord de la ligne de train. L'endroit a un avant-goût d'enfer. Les Soviétiques y avaient installé un goulag politique. Aujourd'hui la prison enferme les droits communs et les activistes du Mouvement islamiste ouzbek que le gouvernement de Tachkent arrête en masse entre l'oasis du Ferghana et les contreforts du Pamir. Les détenus luttaient pour la burqa universelle, ils mourront derrière les barreaux. Combien sont-ils à cuire par 50 °C sous la tôle ondulée des mitards de Jasliq ?

Nouveau jour en feu. 47 °C à mon thermomètre. Chaleur de four à pain. Je comprends pourquoi on parle de *la paix du soir* : ne plus griller sous l'hélium en fusion. Un camion est en panne sur un bord de l'écheveau de traces qui constitue l'axe routier de l'Oustiourt. Deux types goûtent l'ombre de la remorque. Race blanche, crâne plat avec cheveux paillasse : Slaves du Nord. Le camion est un Kamaz d'immatriculation russe. Trois pneus sont éclatés. Autour de nous le vide écrasé de chaleur, la steppe indifférente à l'homme et dans le lointain, la petite bosse de Jasliq.

— Salut, vous venez d'où ?
— Moscou, disent-ils.
— Vous transportez quoi ? dis-je.
— Et toi ?
— Rien, de l'eau, et ma tente, dis-je.
— Tu fais quoi ici ?
— Je vais écrire un livre sur la région.
— Alors écoute, surtout n'oublie pas de leur dire, à tes lecteurs, combien Jasliq est un endroit merveilleux. Envoie-les visiter le coin.

La milice ne me laisse pas rentrer dans Jasliq. « Zone secrète ! » Au sud du bourg, il y a un compresseur de gaz. On l'entend siffler à quatre ou cinq kilomètres. Les Soviétiques ont installé ces machines pour maintenir la pression dans le tube de l'Oustiourt. Vladimir Poutine (les Ukrainiens le surnomment Gazpoutine) tirera du gaz touranien de quoi habiller la Russie d'une robe de reine sur l'échiquier du monde. Le gaz sert à Karimov, patron de l'Ouzbékistan, à acheter sa tranquillité. Tant que ses robinets crachent l'or gris, aucune puissance ne s'intéressera à ses affaires internes. Le gaz est l'écran que les Ouzbeks tirent sur leurs turpitudes. Le gaz est la clé qui ouvre le monde aux Russes. Pour moi, un compagnon de voyage. Nous allons de l'avant, lui par le tube, moi par la piste, tous deux tendus vers le but, légers, volatils. La nuit, je l'entends chuinter. Je me sens moins seul.

À la hauteur de Jasliq, courte halte dans une *chaïkhana*[1] délabrée, entre la prison, le compresseur de gaz et la bourgade interdite. Un jeune Ouzbek somnole dans la pièce surchauffée où les mouches n'ont même plus de force pour voler. Un flic rentre, demande mes papiers, regarde mon vieux visa cambodgien, ressort. Les mouches essaient de marcher jusqu'à ma soupe aux nouilles. Je les écrase sur la table gluante avant qu'elles n'atteignent le bol. Je tape fort, le jeune homme se réveille.

— La *chaïkhana* appartient à mes parents, je suis météorologue, dit-il.

1. Nom donné aux auberges en Asie centrale.

— La chaleur est horrible, dis-je.
— L'année dernière il ne faisait pas si chaud...
— C'est le réchauffement climatique ?
— Non, mais l'année dernière on avait un ventilateur qui marchait.

Bivouac à cinquante kilomètres au-delà de Jasliq. Tout le jour un vent a soufflé son haleine contre ma face. Ma tente fait une tache verte dans le crépuscule. Je n'ose allumer ma lampe frontale. Un Saharien m'a dit que la lumière attirait les solifuges. Ces horribles araignées chasseresses galopent dans la nuit, sans bruit, chélicères en avant. La vitesse de déplacement de certaines d'entre elles dépasserait 20 km/h. Elles sont capables de déchirer la chair de proies vivantes. Elles peuvent être plus grosses que le poing. On raconte qu'elles se glissent sous les chameaux au repos et leur mangent le dessous du ventre. Par prudence, je grille mes cigarillos dans le noir, la tête sur un jerrycan. Dans l'espace, des milliers d'amateurs tirent sur leur havane dont le bout incandescent cloute une étoile dans le plafond du fumoir sidéral. Au loin une torchère de gaz plante une bougie dans le gâteau de la nuit.

Les étoiles sont des particules de big-bang. La nuit noire en est mouchetée d'éclats, comme un mur couvert de giclées de sang après une fusillade. Dans le *campus stellae*, le souvenir de l'explosion initiale se rappelle aux insomniaques et aux vagabonds. Le poète du Véda indien parle de la création du monde comme d'« une grande onde d'énergie pure, sortie du néant ». Contempler les étoiles dans la paix d'un désert rend mièvre. Aussi, ce soir-là, bien que recru de fatigue, je me sens embarqué sur l'un des cercles de l'onde védique. Ne suis-je pas dépositaire d'une miette de cette libération de force universelle. Un peu de l'énergie vitale qui m'a permis de pédaler quatre-vingts kilomètres contre le vent et la raison ne proviendrait-elle pas de l'expansion primordiale ? Chaque action n'est-elle pas la conséquence de ce choc initial ? Lorsque le vagabond cogne du pied la piste blanche, jette sa ligne dans la rivière ou construit un feu, il inscrit son acte minuscule dans l'expansion universelle. Il la prolonge.

Une vie est une onde qui déroule son chemin de la naissance à la mort.

La masse de l'étoile est un réservoir d'énergie. Dès sa création, chaque corps stellaire contient en lui sa propre puissance. Il la transformera tout au long de sa vie en chaleur et lumière. Les hommes comme les étoiles reçoivent à leur naissance un gisement intérieur. Ils puiseront dedans et convertiront leurs ressources en actes, en paroles, en pensée, en œuvre d'art. Et comme les étoiles, certains hommes se révéleront plus brillants que d'autres. Et comme les étoiles, le souvenir de certains hommes nous parviendra bien après leur mort. En revanche, d'autres que l'on trouvait flamboyants seront déjà affreusement morts en dedans d'eux-mêmes.

La piste du lendemain se trouve dans un triste état. Cette route est pourtant appelée à devenir un axe majeur des relations Est-Ouest. C'est la voie de communication la plus naturelle entre les plaines de Russie et la Chine, un couloir sinuant entre les mers salées de l'Asie intérieure et menant, par-delà le Kyzylkoum, vers Boukhara, Samarkand et le Sinkiang chinois. Pas pour rien que les chameliers de la soie ont lutté pour nous montrer la voie dans les glacis torrides. Elle leur évitait les *Steppes de la faim* au nord et les bandits turcomans au sud. Le gouvernement ouzbek s'était promis de la goudronner. Peu avant Jasliq j'ai même rencontré des cantonniers. Ils opéraient sur un tronçon de vingt kilomètres. Échoués auprès d'une pelleteuse en panne, ils campaient dans une roulotte en acier avec une petite citerne pour cinq. Ils semblaient découragés. L'argent destiné à la construction de la route a fini dans la poche des barons locaux. Même l'Europe avait investi quelque espoir et beaucoup d'euros. Mais en Ouzbékistan, les salauds ont réussi à voler le goudron avec lequel ils mériteraient qu'on les emplumât.

À dix-neuf heures, alors que je pose pied à terre pour boire, une solifuge monte sur le bout de ma chaussure. Minuscule, elle s'enfuit à toute vitesse quand je secoue la jambe. Tout à l'heure j'ai croisé un lézard, puis un lièvre. Comme l'araignée, ce sont des animaux rapides. Ils fusent à la surface du sol. La chaleur mortifère n'annihile pas leurs forces. Ils vivent peu mais vite. Ils brûlent leurs réserves dans une existence courte. Ils se meurent d'avoir trop couru. La vitesse leur donne la force (au lièvre celle de la fuite, à la solifuge celle de l'attaque, au lézard la force des deux). Elle provoque une déperdition fantastique d'énergie qui leur ôte en même temps tout espoir de longévité. L'homme a la chance de pouvoir choisir à quel degré d'énergie brûler sa vie. Il peut fondre ses jours dans une fulgurance de comète ou bien s'économiser dans une existence hibernante. Les Kalmouks, peuple des steppes du nord de la Caspienne, avaient choisi leur rythme. Leur vie était un blitz. Pouchkine rapporte une de leurs fables dans *La Fille du capitaine* : le corbeau se vante à l'aigle de vivre trois cents ans. « Et que manges-tu ? » demande l'aigle. « De la charogne », répond le corbeau. L'aigle conclut : « Je préfère ne vivre que trente ans mais en faisant orgie de sang frais. »

Presque pas de vie à bord de l'Oustiourt. Quelques camions. Immatriculations ex-soviétiques : moldaves, ukrainiennes, lituaniennes. Un nouveau riche russe qui rentre chez lui en Mercedes 600 essaie de changer un pneu crevé. Je ne m'arrête pas pour l'aider. Non que je rechigne à porter secours mais je n'aime pas les nouveaux Russes. Et puis la chaleur me donne envie d'être mort. Je rêve de viande froide. Me revient à l'esprit l'histoire des Talibans retrouvés desséchés dans des containers entre Kunduz et Mazar-e-Sharif. Ils avaient été entassés à l'intérieur, en pleine canicule. Le type qui a fermé la porte du container s'est rendu coupable d'un des plus grands méfaits qui se puissent imaginer. Le soir, j'arrive en vue des lumières de Karakalpakie, village frontière, à vingt kilomètres du Kazakhstan. Un peu de fraîcheur tombe avec la nuit. J'ai l'impression de m'échapper d'un container.

Je fais halte dans la *chaïkhana* du village. Mal entretenue, elle n'a pas le chien des *chaïkhanas* afghanes ou indiennes, ces havres de bord de route dont j'aime la philosophie : « Voyager sur la piste est une navigation, nous vous offrons les ports où jeter vos ancrages. » Dans la nuit qui descend, je reste allongé deux heures, groggy. Un troupeau d'une centaine de chevaux vient boire au puits tout proche. L'air s'emplit de leur odeur. Des nuages de cafards et de criquets dansent des sabbats autour de l'unique ampoule. Quelques-uns, aveuglés de lumière (Allah leur a donné le goût d'attaquer le feu), finissent dans mon sac de couchage. Du coup je sombre très vite pour ne pas sentir leur carnaval sur ma peau.

Pourquoi l'Oustiourt chante-t-il tant à mon âme ? Pourquoi cette irrésistible attraction pour une table calcinée ? L'aurais-je pratiquée dans une autre existence ? Il y a le choix ici pour les vies antérieures : chameau, scorpion, faisan, herbe aromatique, saxaoul. Ou *saïga*.

Murad et Bakhshillo sont chasseurs de *saïgas*. À quelques encablures de la frontière kazakhe, protégés des regards par un repli du sol, ils règlent le carburateur de leur motocyclette 600 centimètres cubes. « Une saloperie d'IJ *Planeta*. » Ils s'apprêtent à traquer l'antilope d'Asie centrale. Les bêtes peuvent atteindre quatre-vingts kilomètres à l'heure. Quand le motard en a repéré une, il la force plein gaz, pendant que le passager arme sa carabine. Souvent le tireur rate sa cible, d'autre fois le pilote perd le contrôle de la machine et c'est l'accident mortel. Mais le jeu vaut le risque car le kilo de corne atteint cent dollars. La poudre de corne, la pantocrine, aidera de vieux Chinois libidineux à le rester. La bête s'est adaptée aux rigueurs de l'Oustiourt. Elle résiste aux hivers, survit aux canicules. Mais l'évolution n'avait pas prévu l'industrie aphrodisiaque asiatique. La *saïga*, nomade gracieuse, est en voie de disparition, l'espèce, inscrite sur le *livre rouge* de l'ex-URSS. Qu'importe le *livre rouge* à Murad et Bakhshillo. Eux-mêmes se considèrent comme des espèces en danger.

— Les flics nous traquent dans l'Oustiourt, ils repèrent la colonne de poussière levée par la moto. On est obligés de planquer nos fusils dans des caches, en pleine steppe.

Murad et Bakhshillo s'attendent à une courte existence. Ils préfèrent l'épuiser que la conserver. Pour ne pas perdre de temps, ils boivent dru, parlent fort, rient sans cesse, courent la steppe et font couler le sang des bêtes. Ils vivent à tombeau ouvert. Ils brûlent de la même énergie que les nomades de la vieille Asie. Leur âme est forgée sur l'enclume de la rudesse. Le mot Turk signifie *fort*.

Les saïgas vont en troupeaux, courant, volant presque, au-dessus des halophytes. Leur pelage se fond à la steppe. Seul un œil exercé peut capter leurs courses. Toutefois, il est une petite tache blanche sur leurs croupes qui les trahit. La Nature a privé la bête de l'invulnérabilité en la marquant d'un sceau qui la désigne au fauve. L'équilibre est à ce point ajusté que la *saïga* porte sur elle le défaut qui la réintègre à la chaîne du vivant.

Je regarde la moto disparaître au nord. Puis je reprends ma route, vers le Kazakhstan. Nous devrions tous connaître notre propre tache blanche, cette petite faiblesse qui nous transforme parfois en *saïgas* affolées courant sur le plateau de la vie.

La frontière kazakho-ouzbek se limite à deux barrières fermées sur le vide. Quelques soldats règnent sur ce non-lieu. Tartares en leur désert. Les douaniers sont affublés des oripeaux de la corruption : montres, dents et lunettes en or. Ils jouissent du seul pouvoir qu'ils ont été capables de conquérir, celui d'empêcher la libre circulation des moujiks. Mon vieux vélo n'éveille aucune convoitise, on ne me pose même pas de questions. Je reçois un coup de tampon et traverse la ligne. Alors le vent se déchaîne.

Dans le village d'Akjigit, près de Beyneu, je vais cueillir un peu d'ombre. Le soir, un train venu du Khorezm décharge sur le quai le résumé génétique de l'Asie centrale : gitanes aux dents d'or, cavaliers sans chevaux, babouchkas aux corps de barriques, Russes asiatisés, enfants aux jolis yeux. Les villageois se précipitent pour vendre du lait de chameau et de la viande de mouton et acheter les produits frais de l'Ouzbékistan : le train est un bazar roulant. Tchingiz, un Kazakh, me donne à boire de l'eau puis me propose qu'on se cotise pour acheter une bouteille de vodka. Au bout des quelques lampées rituelles, il me dit qu'il est ouvrier sur la plate-forme de Komsomolskoe près de la côte caspienne. Après ses quinze jours de repos réglementaires, il retournera trimer dans la solitude des champs de pétrole.

— Et toi ? demande-t-il.
— Moi, je traverse l'Oustiourt à vélo.
— Quel intérêt ?

Souvent, la vérité sort de la vodka. Pendant une semaine entière, avant d'atteindre la côte kazakhe j'ai le loisir de réfléchir à la question.

III

Steppes kazakhes

Le vent contraire ni la chaleur ne faiblissent. J'avance pris en étau entre la mâchoire du ciel et celle de la piste[1]. Même l'observation du paysage ne m'est d'aucun recours. Je passe les journées dans le coffre-fort de mes pensées. L'ouest du Kazakhstan est un glacis stérile, vide d'âmes humaines. La région du Mangyshlak borne le flanc oriental de la mer Caspienne. On y reléguait les dissidents. On y exploite aujourd'hui le pétrole et le gaz.

L'uniformité de la steppe qui me ravissait il y a peu me fait horreur à présent. Je mets trois jours à gagner le village de Shepte. La piste est bien meilleure qu'en Ouzbékistan. Au sud de Beyneu, j'ai même eu quarante kilomètres de goudron, qui m'ont offert une sacrée distraction. J'avance avec l'espoir que le kilomètre suivant me réservera une heureuse surprise. Ou que la minute d'après appor-

1. Voir carte n° 5.

tera quelque changement. Ou même que le fil d'une idée me viendra, égayant la tapisserie de mes pensées. Mais rien ne varie jamais sous mon ciel. Le vent, la steppe, les kilomètres... Je suis piégé dans la répétition identique de chaque seconde. Parfois des nuages décident de faire un raid sur la terre des hommes. Alors, au vent contraire et à la morne steppe s'ajoute le gris du ciel. Et dans cette permanence des heures et des lieux, je sens autour de moi l'énergie se dissoudre. Comme dans une vie où rien ne laisse penser que le jour à venir différera de la veille. La steppe crée le désert en moi.

L'énergie humaine se nourrit de changement. Selon Bergson, l'« immense efflorescence d'imprévisible nouveauté » allège la lourde marche de la « durée[1] ». Dans une vie, le feu roulant de la nouveauté brise les chaînes de la monotonie et donne aux jours leur puissance. L'énergie de l'existence se trouve contenue dans la propre incertitude de son déroulement. Comme il est impossible de prédire ce qui va advenir, chaque instant se crée et se recrée et abolit ainsi toute fatalité. La joie de l'expérience intérieure est de se laisser féconder, comme un terreau propice, par des émotions inconnues, portées par le vent des hasards. Au-delà des destinées individuelles, la grandeur de l'Histoire, sa liberté, se tient dans cette imprévisibilité des actes humains[2]. Une

---

1. Henri Bergson, *La Pensée et le mouvant*.
2. Sur cette notion : Hannah Arendt, « Le concept d'histoire », in *La Crise de la culture*.

décision politique provoquera ainsi une cascade de conséquences inconnues.

La vie des hommes n'est pas une science exacte, elle échappe aux lois de la physique qui conditionnent l'évolution du monde. Nul déterminisme pour la guider. Elle est dangereuse car imprédictible.

Le principe qui s'oppose le plus radicalement à l'énergie de la nouveauté jaillissante c'est l'habitude. L'enfermement de l'être sous le couvercle d'heures et de lieux épuisés de se ressembler trop. Péguy soutient qu'« une âme morte est une âme tout entière envahie par l'encroûtement de son habitude, par l'incrustation de sa mémoire[1] ». L'énergie déserte les êtres qui connaissent trop bien les recoins du labyrinthe de leur vie, ceux qui n'attendent plus rien des instants à venir et ceux qui, par peur de l'inattendu, s'enferment dans le mur de l'habitude. À chaque tic-tac de l'horloge du temps, les parois leur renvoient l'écho du tic-tac précédent au lieu de leur chanter la musique de l'inconnu ! Reich, le savant fou de l'énergie orgonique parlait de la « cuirasse de l'habitude[2] ». Pour avancer dans le couloir du temps, il faut donc choisir son camp en saisissant son arme : soit un bouclier frappé au blason de l'habitude, soit une épée tranchante pour faucher l'obscure lumière de l'imprévisible.

1. Charles Péguy, *Note conjointe sur M. Descartes*.
2. Wilhelm Reich, *L'Analyse caractérielle*.

Le voyage constitue le terrain idéal de la nouveauté. Le vagabond y combat à chaque instant le racornissement. Son chemin est pavé d'imprévu. L'incertitude de son sort l'oblige à se tenir en éveil. Chaque pas peut cacher une chausse-trappe, chaque kilomètre et chaque minute recéler le germe de l'improbable. L'inattendu le guette au détour de la laie. Il voyage dans l'espoir de recevoir sans cesse la gifle de la nouveauté. La piste est sa centrale énergétique. Le voyage, l'intervalle entre les habitudes de l'homme.

Les Sarmates et les Scythes dont je foule l'ancienne aire, les racleurs d'horizons et les nomades du monde entier se sont adaptés corps et âme à l'imprévu. Ils avancent sereins, préparés à l'affronter. Le sédentaire, lui, s'est installé pour l'abolir.

Pourtant, lors de ces quelques jours de lutte dans le vent de l'Oustiourt kazakh, la carapace des steppes sur lesquelles glissent de mornes heures retire à mon voyage sa puissance énergétique. Ce désert, laboratoire de la biostasie est un terreau propice à l'habitude. Tout y est cuirassé d'ennui. Je pense à ces Kazakhs croisés dans les hameaux de Kamennoe, Sayötesh et Zharmyshs, anciens nomades libres, aujourd'hui sédentarisés entre les quatre murs d'une maison de ciment. Ils savent exactement de quel pain sera pétrie leur journée du lendemain. Et ils n'attendent rien du jour d'après car celui de la veille ne leur a pas donné le goût du présent.

Je ne vois pas de yourtes. L'œuf nomade de feutre, dont le dôme blanc piquetait autrefois la steppe, a disparu. La seule yourte croisée au cours de ces journées se trouve à demeure dans la cour d'un kolkhoze, à quelques dizaines de kilomètres au sud de Beyneu. Une yourte-moule, rivée à un rocher. Tristes gravats d'un monde écroulé. J'y passe la nuit avec les aïeux de la famille qui n'accepteraient jamais de quitter le cercle magique pour les quatre murs d'une maison. Je vais dans la bâtisse de la ferme chercher une couverture pour la grand-mère qui se plaint du froid. Le petit-fils est occupé à branler sa *playstation* devant un poster en plastique de La Mecque. Il ne me jette pas un regard. Je retourne à la yourte comme on regagne un refuge.

Je croise des chevaux. J'aime ces bêtes : tant de sentiments à fleur de peau et tant de muscles en dessous. Je les salue toujours d'un grand cri de joie, ils sont plus aimables que les chameaux aux dents sales. Étalons et juments vivent tristes et vieux, la tête souvent basse dans l'Oustiourt pelé.

Parfois les camionneurs me proposent de charger mon vélo dans leur remorque. Ils ne comprennent pas pourquoi je m'obstine. Difficile de faire entendre qu'on prend plaisir à s'épuiser et que la perspective d'en finir vaut largement la peine endurée. Hier, dans une *chaïkhana*, il y avait Abu, camionneur du Daghestan aux gestes brusques, à la voix puissante et au cou de taureau. Il interpellait les chauffeurs, houspillait la serveuse et m'interrogeait sans répit. Et je prenais mon thé en l'observant près d'un chauffeur impavide qui sirotait le sien derrière une moustache. Je m'interrogeais sur l'inégalité de la répartition de la force vitale. D'un côté, Abu, intarissable et sautillant. De l'autre mon voisin, avec ses secrets ou son vide intérieur scellés derrière la fente des yeux kazakhs. Disparité des gisements d'énergie : l'un vit au-dessus du volcan, l'autre dans le coton de l'impassibilité.

Je suis dépassé par des *kamaz* qui transportent dans leur benne une montagne de pierres de taille extraites de carrières, au pied des falaises. Parfois, un cahot déstabilise un bloc qui s'écrase sur la piste ou sur une voiture, tuant le conducteur. Chaque année compte son lot de morts. Je me méfie des camions carriers et me range toujours pour les laisser passer. Régulièrement, la route descend la marche d'un *tchink* et perd quelques centaines de mètres. La Caspienne repose sous le niveau des océans mondiaux. À chaque *tchink*, je m'en rapproche un peu. Il suffirait que le vent se décidât à tourner de cent quatre-vingts degrés pour que je sois heureux. On oublie combien les éléments président au vrai bonheur. La steppe, le soir, a l'odeur de l'absinthe.

La côte caspienne est à moins de cent kilomètres. C'est un cavalier qui m'a réveillé ce matin. Désagréable impression de ramper au pied d'un centaure pour s'extraire de sa tente. Il m'a donné une bouteille de lait de chameau en échange d'un cigarillo. Il a essayé mon vélo, je suis monté sur son cheval, il a grillé le cigarillo, j'ai bu un peu de lait, on s'est serré la main et puis on est partis chacun de son côté, emportant le souvenir d'une rencontre silencieuse : joli cadeau de l'aube.

Au-delà de Shepte, la piste traverse les champs pétroliers de Zhétibay et de Novoï Üzgen, mis en service au temps des Soviétiques. Sur un carré de cinq kilomètres de long, s'élèvent des derricks, des antennes, une forêt de pylônes. Animant d'un mouvement perpétuel cette herse de banderilles, des centaines de « têtes de cheval » pompent sans repos. Elles maintiennent la pression dans les vieux gisements et permettent de stabiliser le rendement. Ces dragueuses m'hypnotisent, elles battent tristement la mesure de la surconsommation. Elles sont le métronome de l'épuisement des ressources, le balancier de l'horloge qui décompterait le temps avant la pénurie. Au pied des tours de forage, des ouvriers couverts de brut dorment déjà, à même le sol. Certains vivent dans des roulottes à l'ombre des puits. Seuls leurs yeux luisent dans les faces. Je traverse le champ et essaie d'accorder le mouvement de mon pédalier aux succions des pompes. Deux Kazakhs appuyés à leurs énormes clés à molette me regardent passer en silence. Ils ressemblent à des statues au pied desquelles serait inscrit : « FORÇATS DE L'OR NOIR ». J'ai l'impression de traverser le décor des temps sidérurgiques où le monde soviétique vibrait sous la poussée de forces souterraines. Dans la fumée des laminoirs d'Europe, le nouvel ordre industriel accouchait de la figure du *Travailleur* dont les deux ouvriers qui m'observent semblent une réincarnation.

Le soleil se couche. Les feux se prennent dans le treillis d'acier. Je pense à l'usure de l'univers. Le soleil un peu moins puissant chaque jour, les champs de pétrole un peu plus vides, la pression un peu moins forte et moi un peu plus vieux. Un jour ce sera le manque, la fin, la mort. Seule la force spirituelle échappe au tarissement, elle tire d'elle-même davantage qu'elle ne contient.

ATTENTION, THE DANGEROUS SECTION. Un panneau annonce une descente de trois kilomètres au fond de la Qaraquiya Oysy, ultime dépression de terrain avant la côte caspienne. Une *chaïkhana* se tient sur la lèvre du *tchink*. J'y siffle une soupe et m'endors presque dedans. Trois filles descendues d'une voiture de sport font irruption à grand fracas dans la salle miteuse et commandent des cafés. Il y a deux Kazakhes décolorées et une Russe à talons. Elles répandent dans le sillage de leur croupe le parfum sexuel des roubles gagnés la veille. Sur le T-shirt de la plus belle :

> IF YOU WANT TO GET
> A LITTLE BIT OF SEX.
> YOU CAN FUCK MY DOG,
> HIS NAME IS REX.

Les trois serveuses du bouge — paysannes des kolkhozes voisins — ont l'air de trois bécasses à côté des filles de la nuit. J'aimerais leur dire en kazakh qu'elles sont de plus nobles bécasses que les poules en strass.

— Combien ? dis-je.
— La passe ? rigole la Russe.
— Non, la soupe.

Je descends au fond du trou. Un panneau indique 132 mètres sous le niveau de la mer. Je jette mon bivouac parmi les phragmites et dors dans la fournaise. Le ciel est si brûlant que la nuit ne le refroidit pas. J'écoute les grincements d'un puits de forage voisin.

Lorsque je sors de ma tente à cinq heures du matin, un gros lézard (*phrynocephalus interscapularis*) m'observe à trois mètres de distance. Je le salue aimablement. Tout vagabond des steppes entretient une conversation amicale avec les êtres vivants qui l'entourent. C'est le syndrome de saint François d'Assise. L'acidité de la solitude se transforme en un miel affectif qui se répand sur toutes les créatures.

Depuis que je voyage dans les champs d'hydrocarbures, je ne regarde plus les bêtes ni les plantes du même œil. Le pétrole tire son origine de la décomposition de matières animales ou végétales. Lorsque cette pourriture est piégée dans l'eau, elle se dépose en boues que des micro-organismes anaérobies attaquent. Les couches de cette vase pèsent sur le socle des mers au point que les strates inférieures s'affaissent. L'eau est expulsée sous la pression cependant que les sédiments emportés vers les profondeurs se réchauffent. Cette cuisson souterraine élimine l'azote et l'oxygène et produit une soupe organique riche en carbone et en hydrogène : l'huile de roche.

Je ne peux m'empêcher de penser à ce brouet d'êtres vivants qui se sont aimés et reproduits — bivalves et annélides, oiseaux colorés, chevaux, ours et cerfs, insectes et animalcules, herbes folles et arbres puissants — avant d'être précipités dans le chaudron magmatique, passés au hachoir bactérien, cuits à plein feu pendant des millions d'années et finalement transformés en pétrole. Le pétrole est un précipité de temps — au sens chimique du terme — qui nous permet, une fois raffiné, de nous affranchir de l'espace ! Mais cette pâte de vivant mise au service du vivant nous apporte la mort. Le brut pollue la terre, les hommes se tuent pour lui et les cormorans meurent sur les grèves engluées.

L'humanité se chauffe, s'éclaire et se déplace grâce aux ancêtres immensément lointains du lézard de ce matin. Ni lui ni moi, hélas, ne finirons distillés en essence. Car même à supposer que mon corps se dissolve dans la soupe des temps géologiques, la civilisation humaine n'existera plus ou bien aura trouvé une source d'énergie plus sophistiquée que le recyclage des cadavres.

Le rêve de tout écrivain est de se décomposer et que sa pourriture alimente la lampe à la lueur de laquelle on lirait ses propres lignes. Mais aucune postérité ne survivra assez longtemps pour que le processus de transformation organique s'accomplisse[1].

Le drapeau kazakh est frappé d'un soleil ardent sous lequel vole un aigle. La chaleur continue de me ralentir. Et le vent redouble aujourd'hui. Je mets six heures à venir à bout des quarante kilomètres qui me séparent d'Aktau. Je roule tête baissée. Une mince bande de route défile entre les bords de mon chapeau.

Dans mes sacoches, *Alamut*, le roman du Slovène Vladimir Bartol. Sous les coins d'ombre, j'en lis quelques pages que je déchire aussitôt pour

---

1. Le processus de dégradation organique et de formation du pétrole demande des durées extrêmement longues. Le pétrole que nous consommons aujourd'hui date du Précambrien (− 600 millions d'années) pour le plus ancien et de − 2 millions d'années pour le plus récent.

m'alléger. Bartol, maître magicien, m'emporte dans les royaumes de l'illusion. Des dignitaires religieux abusent de la crédulité de leurs recrues. Ils leur font miroiter les délices des jardins d'Allah en échange de leur vie. De longs chapitres sont consacrés aux *feyadins*. Ces sicaires fanatiques de la secte ismaélienne, reclus dans un château du nord de la Perse, soumettaient leur corps à des épreuves physiques terrifiantes dont ils triomphaient en méprisant la douleur. Sur ma bicyclette, cul meurtri, peau cloquée par le soleil, je tente de dissocier le corps de l'esprit. J'aimerais devenir un *feyadin* du Mouvement. Mon Dieu serait la route et j'y serais soumis au point de ne plus prêter attention aux grincements de ma carcasse. L'idéal serait de laisser mes forces intérieures se libérer dans l'action pendant que l'esprit, dégagé de tous soucis d'intendance, divaguerait librement dans les prairies de la rêvasserie.

Mais à la fin du jour, alors que des cheminées d'usine annoncent la ville dans le ciel de l'ouest, je fais une intéressante expérience intérieure. Je parviens à pédaler machinalement, sans penser au temps qui fut et sans redouter le temps qui vient. Nous décomptons souvent ce qui nous reste à souffrir. C'est la source de notre malheur. La perspective des heures à endurer est plus lourde que le fardeau lui-même. Les vieux maîtres de la tradition Zu Ch'an, ancêtre des doctrines zen, enseignaient au contraire l'art de la parfaite momentanéité. Ils travaillaient à se saisir de l'instant comme on attrape un papillon dans un filet de soie. Le secret est de s'extraire de la glu de la durée. Pour éprouver toute l'intensité du moment, il ne faut plus le rapporter à l'expérience du passé ou à l'espoir de l'avenir. En refusant de mesurer la vie avec la toise du temps qui passe, on captera l'énergie de l'immédiat. Krishnamurti, héritier du Zu Ch'an, professait que « le présent est la seule porte de la réalité ». Il invitait à la pousser et appelait *adéquacité* cette faculté à goûter totalement les circonstances du moment. Le penseur Daisetz Teitaro Suzuki écrivait en écho que « l'infini est dans le fini de chaque instant ». La révolution n'est donc pas pour demain dans les rues insurgées, mais elle est permanente, en soi, ici et maintenant. *Hic et nunc*, camarade !

Dans ces dispositions, oubliant que je viens de pédaler six heures par 47 °C, indifférent au fait qu'il me reste encore des mois à passer sur la route, échappé du fluide de la durée, et intéressé seulement par ce qui advient au moment où cela advient, je rentre dans Aktau. Le vent veut me fermer les portes de la ville. Je parviens à oublier les rafales frontales. Car le vent pour souffler a besoin de l'espace et du temps. Dans la plénitude d'un instant arraché au continuum du temps, le vent, privé de surface, ne peut se déplacer. Dans l'univers de l'*ici et maintenant* règne le calme éternel !

IV

Aktau

Un flic m'arrête.
— D'où es-tu ?
— De Paris.
— Salue pour moi la ville que je ne verrai jamais.

Je traverse la couronne industrielle d'Aktau. Assises dans la poussière, des Kazakhes vendent des produits de luxe : pommes et prunes. J'en achète pour deux dollars. Le jus me coule dans la bouche : du bon rayonnement photonique transformé en sucre. Alentour, le mauvais soleil a grillé la terre. Il en va habituellement des villes comme de l'anatomie : tubes et boyaux sont enfouis. À Aktau, les tripes sont à l'air. Les oléoducs relient des fabriques en ruine et des usines sombres. Pour enjamber les routes, ils s'incurvent en arc sous lequel passent les voitures. Les tours cylindriques chromées d'une usine atomique couronnent le paysage. Des amoureux pêchent à la ligne dans le canal de refroidissement de l'installation nucléaire. Un couple s'embrasse sur un gazoduc.

À Aktau, le message d'une amie m'attend. Elle parle de « ce goût joyeux de s'esquinter que vous semblez embrasser ». Je suis à ce point esquinté que je dors dix-sept heures d'affilée.

Ma flèche dans la cible. Je me trouve dans le pub irlandais d'Aktau. Le vieil Ouzbek n'avait pas menti. J'y passe une nuit à vider les pintes dont j'ai sué les acomptes dans la steppe. Des employés anglo-saxons de compagnies pétrolières, des Nouveaux Russes et des Nouveaux Kazakhs (on les appelle « Kasanovas ») regardent la Coupe du monde de foot. Je me sens frère du ballon. Moi aussi je suis un errant, cheminant vers le but.

Le foot, cette déperdition extravagante d'énergie. L'épuisement de vingt-deux hommes pour canaliser le fluide de milliers de spectateurs. Un stade galvanisé est une centrale énergétique. Ce soir, le match est mauvais. Le ballon, comme les oiseaux, répugne à s'approcher des cages. Il n'y entre jamais. Un Russe m'avise.

— Russki ? dit-il.
— Non, français, dis-je.
— Tu as l'air russe.
— Merci, c'est un compliment.
— Tu n'es pas difficile.

Personne ne quitte le pub après le match. Comme dans un de ces tripots décrits par l'explorateur allemand Jean Georges Gmélin à la fin du

XVIIIe, dans son *Voyage en Sibérie* : « On brasse aussi quelquefois de la bière ; et dès qu'elle est faite, quand elle n'aurait reposé qu'une demi-journée, il n'y a plus moyen de fermer le cabaret que tout ne soit bu. »

La ville fut construite dans les années soixante. Elle jaillit de la steppe, *ex nihilo*. On avait découvert des mines d'uranium dans la région et Aktau servit à loger les ingénieurs, les ouvriers et leurs familles. La cité du bout des steppes connaît aujourd'hui une seconde jeunesse grâce au pétrole caspien. L'huile des gisements de Tengiz traverse l'Oustiourt par les oléoducs. Elle atteint Aktau où on la charge sur des tankers à destination de Bakou.

Les bâtisseurs de la ville rêvèrent d'une cité corbuséenne, radieuse, baignée de lumière, orientée vers l'Hycaria mythique. Ils édifièrent un ensemble de barres en béton de sept étages et tracèrent un damier de larges avenues sur le bitume desquelles les bagnoles japonaises vont, viennent, tournent en rond. L'usine atomique sert à dessaler l'eau de mer. Des palmiers en plastique égayent les perspectives. La nuit, ils clignotent. On dirait des geysers.

Je me partage entre le comptoir du pub et les trottoirs de la ville, me repais du spectacle de l'opulence. La deuxième chose qui jaillit après le pétrole c'est le fric. L'un met des millions de siècles à s'accumuler dans le silence du laboratoire de la géologie. L'autre coule entre les doigts bagués des nouveaux riches, impuissants à refréner leur soif de jouissance. La ville prospère. Un jour, j'observe une employée municipale occupée à tailler les haies de la chaussée. Quand elle a fini, elle monte dans son Opel climatisée.

Dans les rues, un défilé de beautés insolentes. Toute la variété de l'URSS déversée sur les chaussées. Spectacle pénible après les jours de lœss. Des filles russes, kazakhes, tatares capables de jeûner pendant dix jours pour économiser de quoi acquérir un nouveau maquillage. Dans les territoires de feu l'Union, c'est sur l'anorexie des donzelles que L'Oréal a prospéré. Elles marchent en tirant des mines de matons. Quand les filles slavisées font la gueule, cela ne signifie pas qu'elles sont fâchées mais qu'elles sont jolies. Elles vont en se tenant la main, attifées comme si le contact du tissu leur était douloureux. Le front de mer conserve un peu de l'atmosphère de l'ancienne villégiature soviétique mêlée de modernité techno-pétrolifère. Sur la digue, trois amazones patrouillent à cheval. Elles vaquent sans repos, avec cinq cents kilogrammes de viande en branle sous leur minuscule short blanc. Pour quelques kopecks, elles louent les bêtes le temps d'une phtographie aux badauds kazakhs.

— Ils sont kabardines vos chevaux ? dis-je, fier de reconnaître la race.

— Ben, ça se voit pas ?

— C'est les petites Russes maintenant qui apprennent à monter à cheval aux Kazakhs ? dis-je, pour me rattraper.

— Casse-toi, tu es lourd.

Filles russes, comme je vous aime !

Je marche sur le front de mer. Passe un vétéran patriotique, tout de blanc vêtu. Les médailles tintent à sa poitrine de casseur de fascistes. Sous les guinguettes des dames russes boivent de la bière *Baltika*. Dans le contre-jour, le soleil couchant transforme les pintes en pots de miel. La vulgarité suinte. On pourrait être à Saint-Tropez, mais un Saint-Tropez destroy avec des filles plus putes que sur la Riviera et des types pour qui la vie se résume à acquérir, dans l'ordre, un téléphone portable, une femme, une Jeep puis le plus grand nombre possible de fils (car c'est l'Islam ici, tout de même) dont s'occupera la femme tandis que la Jeep permettra au mari de cingler hors de l'enfer conjugal. Sur la plage, des ivrognes cuvent et sur le terrain vague du talus côtier, les escaliers sont en travaux pour toujours. Devant une Mercedes 600, deux Kazakhs se battent. Ils sont en sang. Des filles pleurent, des hommes crient, des badauds regardent. Les miliciens d'une patrouille paramilitaire de sécurité pétrolière interviennent, PM au poing. Je me plais beaucoup à Aktau. J'y reste une semaine.

À Paris, au carrefour du boulevard Saint-Germain et de la rue des Saints-Pères, s'élève une église ukrainienne, voisine de la Société de géographie et de la Société des explorateurs français. Le chevet donne dans un square portant le nom du poète et peintre ukrainien Tarass Chevtchenko. Il croyait à l'Ukraine souveraine. Il paya d'avoir trop rêvé. Il partagea le sort des Décembristes de Saint-Pétersbourg. Son goût pour la liberté universelle lui coûta la sienne. Nicolas Ier le relégua sur la côte caspienne.

Les Ukrainiens de Paris se réunissent le dimanche et forment devant les grilles du jardin un groupe silencieux d'hommes et de femmes à front blanc, cheveux plats, vestes de Skaï et chaussures à bouts carrés. Les Soviétiques ont reconnu en Chevtchenko une victime de l'oppression ancienne et lui ont érigé une statue de douze mètres dans le centre d'Aktau. Le sculpteur lui a donné un air d'Hugo des steppes, échevelé, inspiré par l'exil. Pourtant l'Oustiourt n'est pas Guernesey. Pour avoir passé dix jours à pousser mon vélo dans le vent des steppes, je sais quel pouvoir d'écrasement psychique elles peuvent exercer sur l'esprit. La steppe est le rabot des nerfs. Mais quand le soleil en caresse le tapis, elle devient la rampe de lancement de l'inspiration.

Le soir, devant le murmure du ressac caspien où Chevtchenko puisa peut-être quelque consolation, je me plie à sa recommandation et pense à lui silencieusement :

> Quand je mourrai, enterrez-moi
> En dressant ma tombe
> Au cœur des steppes infinies
> [...]
> Enterrez-moi. Mais vous — Debout !
> Brisez vos chaînes
> Et abreuvez la Liberté
> Avec le sang des ennemis.
> Puis, dans la grande famille,
> La famille libre et nouvelle,
> N'oubliez pas de m'évoquer
> À voix basse, tendrement.

Aktau n'existait pas à l'époque de Chevtchenko. Le poète fut relégué pendant dix ans, à cent trente kilomètres au nord de la ville actuelle. Quelques pionniers russes vivaient dans des hameaux de pêcheurs baptisés Batino et Atash (le port d'Atash), au pied d'une falaise. Plus tard, les Soviétiques donnèrent à l'endroit le nom de Fort Chevtchenko.

De l'époque tsariste, il reste des maisons de bois peintes, alignées devant les lagunes côtières. Ce lieu qui devrait n'être jamais sorti de l'oubli connaît sa reviviscence. À quelques encablures de la côte, un gisement pétrolier a été mis à jour dans les années 2000. La découverte a bouleversé les équilibres géopolitiques de la région. Une nouvelle ère s'annonce pour les pays caspiens. La mer fermée, cadenassée sur elle-même, cuirassée d'inertie, emprisonnée dans la centralité de l'Asie touranienne vient brusquement de s'ouvrir au monde.

À Fort Chevtchenko, dans une *datcha* du XIXe aux volets vert, Ruslan, le chef d'une famille kazakhe, m'invite à déjeuner. Il fait 45 °C. Je rêve à un melon frais avec un vin du Ventoux frais. On me sert des tripes de poulain et de la vodka chaude. On porte un toast. Même le grand père, pieux *hadj* à barbe blanche, lève son verre.

— À toi, Français !
— Mais Allah ? dis-je.
— Il déteste l'alcool, il ferme les yeux quand on en boit.

Dans le laboratoire des steppes de l'Asie centrale, les Russes ont réussi à dissoudre l'Islam dans la vodka.

Si tu veux en savoir plus sur le gisement de Kashagan, tu dois aller à Atyrau. C'est la capitale du pétrole kazakh !

À vol d'oiseau, la ville d'Atyrau n'est située qu'à trois cents kilomètres d'Aktau. Mais il faut quarante-huit heures pour l'atteindre car la route contourne le vaste golfe du nord-est de la Caspienne. De retour à Aktau je laisse ma bicyclette en lieu sûr. Je lui dis que je reviendrai la chercher après avoir vu Atyrau. Ensemble, nous continuerons le chemin, par-delà la Caspienne, dans le Caucase. Pour l'heure, Atyrau. Je me donne une semaine pour l'aller-retour.

Je saute à bord d'une Mercedes. Le chauffeur est russe.

— On va où ? questionne-t-il.

— À Atyrau !

Il démarre, j'attache ma ceinture de sécurité. Il me regarde, outré.

— Tu veux un casque pendant qu'on y est ?

Nous traversons le Mangyshlak en deux jours. La radio crache du rock russe. Je reconnais la voix des TATU, deux rockeuses de vingt ans, tatouées, shootées, devenues idoles au pays des icônes.

Halte au bord de la piste. Une équipe de techniciens soude les tronçons d'un pipeline dans la fournaise. Ils installent un tube de raccord entre deux oléoducs. L'acier est russe, les pelleteuses ukrainiennes, le pétrole kazakh, les ouvriers ouzbeks. Douze hommes. Problème d'arithmétique : à supposer que les sections de tube mesurent onze mètres, que l'on en soude dix par jour et que l'on doit couvrir une distance de quinze kilomètres, combien de mois de peine dans la chaleur de l'Oustiourt, le vent, la poussière et la fumée des engins faudra-t-il ? Trois bergers surgissent montés sur des kabardines et galopent le long du tube. Le pétrole est un produit nomade qui circule par les steppes. Les tubes souterrains doublent les anciens itinéraires turco-mongols, convoyant une autre énergie, aussi brute que celle dont brûlaient les hordes cavalières.

À la mi-parcours, près du hameau d'Oporny, nous demandons l'hospitalité dans une station de forage, îlot d'acier rouillé dans l'océan aride. Deux roulottes voisines abritent une équipe de sismologues. Les techniques d'écholocation en trois dimensions permettent aux prospecteurs de dresser la carte des tréfonds de la terre et de localiser les gisements d'or noir. L'ingénieur en chef de la station, Mancef, est tunisien. Après des études dans l'URSS des années quatre-vingt, il a conduit des forages dans le monde entier et vient d'être nommé ici, pour deux ans, en plein Oustiourt, seul Arabe parmi « ces Turks qui ne se lavent jamais ».

— Parfois, dit-il, quand la solitude m'étreint, je pars marcher quelques kilomètres, tout droit. Je m'enfonce dans la steppe, avec mes pensées, puis je reviens vers la tour de forage.

Nous regardons la finale de la Coupe du monde sur la chaîne russe qu'il capte par satellite. Zidane agresse le joueur italien qui l'avait insulté. L'arbitre met fin à ces voyouteries en expulsant Zidane.

— Ce type, dit Mancef, c'est Achille. Sa tête est son talon !

Le désert est le visage que l'histoire des Turks a donné à la géographie. Le cavalier turk fut l'un des plus grands agents destructeurs de l'Histoire. L'herbe, morte de peur, n'a pas repoussé là où il hululait. « Les forêts précèdent les hommes et les déserts leur succèdent », lit-on dans les *Mémoires d'outre-tombe*. Les nomades usaient davantage de la faux que du sceptre. Ils furent les barbiers de l'histoire, rasant cités et oasis. Parfois les conquérants abattent un ancien rêve pour édifier leur propre vision. Le Turk lui ne relevait rien d'autre que son cul pour aller détruire ailleurs. Dix siècles après le tumulte des hordes, le néant steppique fuse par la fenêtre de la voiture. Les Mongols se vantaient de « tuer la terre ». L'Oustiourt ne s'en est jamais remis.

Le big-bang a chargé l'atmosphère d'une empreinte fossile aussi indélébile que la mémoire. L'énergie de l'Histoire, elle, ne laisse pas toujours de trace sur le terrain. Rien dans ces territoires vidés de magnétisme ne donne à penser qu'ils servirent de décor au déferlement des hordes. Il règne ici un silence de labour après les grands combats.

Atyrau, ancienne Guriev soviétique, est la dernière ville sur le fleuve Oural avant la Caspienne. Un panneau sur le pont indique que l'on franchit une frontière d'empire. Rive gauche, l'Asie, rive droite, l'Europe. Cette délimitation est un fantasme de géographe repris par un général qui aimait les formules. Car l'Europe s'étend bien au-delà de l'Oural, plus loin que l'Amour : jusqu'à Vladivostok. Là-bas, les bulbes orthodoxes murmurent aux rouleaux pacifiques qu'un continuum chrétien les relie aux houles celtiques.

Sur la rive du fleuve Oural, les roseaux balaient de leurs plumeaux la poussière de la lumière du soir. De vastes plages accueillent les corps de Russes blonds et de Kazakhs bridés, vautrés sur le même sable, *Baltika* à la main. Cet amas de corps blancs et cuivrés traduit le rêve soviétique : mille races fraternelles communiant dans l'espoir des lendemains meilleurs et l'épreuve des lendemains de cuite.

Au milieu du pont, je dessine un tableau à deux colonnes sur mon carnet de notes en papier de riz chinois.

ASIE	EUROPE
Chameaux.	Chevaux.
Station accroupie.	Station debout.
Temps dépensé.	Temps compté.
Collectivisme.	Individualisme.
Sens du fort.	Sens du beau.
Jouissance de l'instant.	Espoir en l'avenir.
Maîtrise de l'espace par le temps.	Maîtrise de l'espace par la vitesse.
Indifférence au bruit.	Amour du silence.

Je manque de temps. Je pourrais noircir ces colonnes jusqu'à la nuit. Je passe le pont, vers l'Europe. La ville est hérissée de grues. Les trottoirs en sont couverts. Les unes à balancier, les autres à talons ; mais toutes deux témoignant de l'essor économique de la ville. À Atyrau, l'argent afflue. Les Kazakhs de l'ancienne Guriev découvrent la société de consommation. En tout pays de la terre, processus similaire : à la première amélioration des conditions de vie, la classe moyenne (cette insulte au rêve marxiste) se rue sur les produits technologiques, symboles de la nouvelle prospérité. Portables, bagnoles, hi-fi. Le bruit s'invite alors dans la vie quotidienne. Le stade suivant consiste, quelques années plus tard, à combattre les nuisances créées par ces objets, se désaliéner de leur emprise, retrouver la simplicité éclipsée par le clinquant.

V
Caspienne

Les Soviétiques savaient le nord de la Caspienne riche de réserves pétrolières off-shore. Mais ils les laissèrent presque en friche pour des raisons techniques et politiques. Les huiles caspiennes, profondes et sulfureuses, sont difficiles à extraire. La mer touchait aux frontières du monde extérieur. Ces circonstances dissuadèrent Moscou d'initier le forage. La Sibérie offrait son brut loin des regards occidentaux.

En 1991, après l'effondrement du Soyouz (longue vie à sa mémoire), la Caspienne devint le centre d'enjeux nouveaux. Un élément bouleversait la distribution des cartes. La pénurie des ressources se profilait. Jusqu'aux années 1990, le grand public n'avait jamais entendu parler du *oil peak*. L'expression est pourtant ancienne, élaborée en 1956 par King Hubbert, ingénieur qui pressentait qu'on ne pouvait point sucer impunément le sang d'un organisme : un jour, la source se tarit. Le *oil peak* définit ce point de non-retour au-delà duquel les hommes consomment davantage de pétrole qu'ils n'en découvrent. Le processus conduit à la pénurie. Sur le chemin, il y a du temps pour la guerre.

Au cours des trois dernières décennies, la consommation planétaire a explosé. La Chine s'est éveillée. Lorsque l'on s'éveille, on allume la lumière. Plus d'un milliard d'individus ont réclamé soudain de l'énergie. À la même période, les Indiens sont sortis du sommeil shivaïte pour prendre leur part au festin de la houille. Plus question qu'ils chauffassent leur thé quotidien sur un feu de bois mort ou de bouse de vache. La classe moyenne — monstre avide — s'extirpait de sa torpeur. Même les sâdhus visnouites, clochards célestes des rives du Gange, possèdent aujourd'hui dans leurs besaces en laine un téléphone portable rangé près du shilom. Les exigences sino-indiennes conjuguées à l'appétit des Européens et des Américains (dont *le mode de vie n'est pas négociable*[1]), et à la voracité des dragons flamboyants de l'Asie pacifique, faisaient basculer le monde dans la lutte pour l'énergie[2].

---

1. Les Américains consomment 25 % du pétrole produit chaque année sur terre alors qu'ils ne représentent que 5 % de la population planétaire. Mais leur économie a contribué à 60 % à la croissance mondiale entre 1993 et 2003.
2. Selon les experts, l'augmentation de la demande annuelle mondiale en pétrole va se chiffrer à 150 millions de tonnes chaque année (120 millions de barils/an en 2030). Par exemple en 2025 si la Chine maintient sa croissance elle consommera autant que les USA !

L'humanité s'ébrouait. La Terre allait trinquer. Or, des voix estimaient les réserves planétaires de pétrole moins fournies qu'on ne l'avait prétendu[1]. Les ressources ultimes de la Terre dépassent sans doute les 3 000 milliards de barils. Les réserves prouvées — celles que l'on s'avère capable d'extraire — s'élèvent à 1 200 milliards de barils[2].

Les événements qui découlèrent de la chute des deux piliers doriques du temple de l'économie, le 11 septembre 2001, ébranlèrent la stabilité politique globale et contribuèrent à la hausse des prix pétroliers[3]. Le Moyen-Orient, riche de près des deux tiers du pétrole mondial[4], apparaissait un fournisseur de plus en plus imprévisible.

L'urgence consistait donc à trouver d'autres sources de brut, à diversifier l'offre. Toutes les réserves devenaient bonnes à prendre. Même celles négligées à cause de leur difficulté d'extraction. Libérée du caparaçon soviétique, la Caspienne s'avérait précieuse. On reconsidéra ses gisements. La découverte dépassa toute espérance.

---

[1]. Les plus pessimistes des experts prévoient un *oil peak* (date du déclin de la production) pour 2010. Les perspectives plus optimistes (Agence internationale de l'énergie) ne situent le *oil peak* qu'à l'orée de 2030-2050.
[2]. *BP Statistical Review,* 2006.
[3]. À l'été 2006 le baril (159 litres) atteint le record historique de 80 dollars.
[4]. Entre 57 et 66 %, dont 25 % en Arabie saoudite !

— C'est la plus grosse mise au jour depuis trente ans. Plus importante que ce qu'on a trouvé en Alaska dans les années soixante-dix, m'explique Mimi Graceful.

Personne ne pourrait imaginer que cette jeune femme travaille dans le monde du brut. Sa compagnie assure des services de logistique pétrolière. Elle a trente ans, un prénom arabe, un pseudo de bimbo, une crinière brune, un port de sultane, du sang kazakh, la bouche en cœur et un cœur que convoitent beaucoup d'expatriés à Atyrau. Nous dînons sur le toit d'un hôtel de luxe construit à la hâte sur les bords de l'Oural pour accueillir les Occidentaux de passage à Atyrau. Quelques Américains sifflent des *drinks* au bord de la piscine.

— Mimi ! vous ici ?
— Il plaisante, dit Mimi, tout le monde vient là, le soir. C'est le seul endroit potable d'Atyrau, je vous présente Richard.

Richard est américain. Il a côtoyé les chefs d'états-majors des pays africains avant de plonger dans le monde du brut : des hautes aux basses huiles. Il est aujourd'hui un des cadres dirigeants des chantiers kazakhs de la compagnie italienne Agip. Nous trinquons. Gin-fizz pour lui, *Baltika* n° 9 pour moi. Mimi Graceful lape un jus de goyave.

— Pendant l'année 2000, explique-t-il, un consortium de Majors internationales[1] a réévalué les réserves du gisement off-shore de Kashagan, à quelques dizaines de kilomètres au sud d'Atyrau. Les communistes le connaissaient mais ne l'avaient pas exploité. On a trouvé une mine ! Entre cinq et dix milliards de barils de potentiel !

Dans la nuit, vus du toit, les rues et les bâtiments d'Atyrau scintillent. Au-delà de la tache des lumières, la nuit.

Les Majors pétrolières sont des monstres financiers qui mettent leur savoir-faire au service d'un État riche en ressources. Elles s'allient en consortiums et signent avec les gouvernements un contrat d'exploitation. Pour chaque baril extrait, une part de bénéfice est reversée au pays. Le reste est exporté dans des tubes d'acier, eux-mêmes propriété des Majors.

— Les ressources totales de la Caspienne, poursuit Richard, propulsent la région au troisième rang des plus grands champs pétroliers du monde après le golfe Persique et la Sibérie ! On flotte sur un trésor[2].

— Qui brigue le festin ?

1. L'OKIOC : Offshore Kazakhstan International Operating Company.
2. Les ressources totales disséminées au large des cinq pays côtiers sont comprises entre 18 et 35 milliards de tonnes !

— Les Américains ont obtenu l'exploitation d'une bonne part du gisement terrestre de Tengiz que vous avez traversé pour venir ici depuis Aktau. Les Chinois sont présents dans les champs du sud. Quant au gisement de Kashagan, tout le monde est à sa porte : les Japonais, les Français, les Anglais, les Norvégiens et les Italiens d'Agip bien entendu : l'opérateur de l'exploitation.

— Mais les Russes ? dis-je.

— Depuis 1991, ils ont reculé sur leurs anciennes marches.

Difficile pour Moscou de maintenir son influence sur la vieille ceinture méridionale de l'Empire. Les ressources pétrolières vivifient les vigueurs indépendantistes des nouveaux États. Les ex-satrapies soviétiques ont acquis leur place sur l'échiquier du monde et tiennent à présent le safran de leur destin. Certaines choisissent de cingler vers l'avenir, dos à la Russie. Le Kremlin contrôle cependant l'écoulement du brut nord-caspien vers la mer Noire, via la Kalmoukie russe et le Caucase.

— L'off-shore c'est l'avenir de la production de pétrole ! s'enflamme Richard. Le fond des mers contient des réserves insoupçonnées. Kashagan en est la preuve ! Mais les Russes nous tiennent sur un plan logistique. Car pour construire ses plates-formes, Agip a besoin de la route d'acheminement de la Volga. Presque tout ce qui approvisionne nos chantiers transite par l'Oural. Le foutu port d'Astrakhan a retrouvé le rôle de carrefour qu'il avait au temps des échanges caravaniers. Autrefois, les chameaux, aujourd'hui les barges chargées de tronçons de *pipes* et de têtes de forage. S'ils ferment le verrou d'Astrakhan, on est baisé...

— Vous savez qu'Agip est en train de construire une île ? coupe Mimi.

— Non, dis-je, c'est très poétique.

— Pas précisément, rectifie Richard. Nous immergerons des millions de mètres cubes de roche à une dizaine de mètres de profondeur. Sur la structure artificielle, à une cinquantaine de kilomètres de la côte, nos forages pomperont le jus de Kashagan. L'entreprise est d'une magnitude gigantesque. On construit des voies ferrées, des routes, des ports, rien que pour le chantier ! Je travaille comme un chien mais je suis excité comme une bête !

Quelques jours plus tard, grâce à l'entregent de Mimi, fée steppique, je survole la Caspienne, dans un Sikorski 76 C piloté par un Américain. Les galons élimés à la corde sont exhibés pour prouver les nombreuses heures de vol de leur propriétaire. Du ciel, la côte nord de la Caspienne n'offre pas la rectitude d'un schorre bien coupé mais les molles sinuosités d'une bande lagunaire, d'un vert opalescent, couverte de nénuphars et de roseaux penchants, piquetée par les taches cotonneuses des échassiers en fuite, poursuivis par notre ombre.

L'hélicoptère assure des rotations quotidiennes entre Atyrau et l'île, pour la circulation des employés et des ingénieurs. Les consignes de sécurité sont drastiques. À chaque occasion, je suis sommé d'entendre les instructions des agents de sécurité. Chez les pétroliers du monde occidental, comme dans les armées atlantistes, prime la culture du *risque zéro*. Un mort est plus préjudiciable que le sacrifice de quelques heures à l'apprentissage des règles. L'ingénieur britannique qui me détaille pour la troisième fois de la matinée une liste interminable de recommandations me fatigue. Son accent oxfordien est grinçant comme une vrille de forage. Je n'écoute rien. Je me souviens de l'Ouzbékistan et de ces visites au sommet des tours de forage, accompagnés d'ouvriers à demi saouls, aux mégots mal éteints, convaincus que l'insouciance prémunit du danger. Je me rappelle aussi ce pilote biélorusse d'hélicoptère MI 8 reliant les vallées enclavées du Khumbu népalais : « En Europe de l'Ouest vos pilotes ne doivent pas boire vingt-quatre heures avant de piloter. Nous aussi respectons ce genre de lois : on ne boit pas vingt-quatre mètres avant l'avion. »

Le S-76 C se pose sur l'*île D*, la plus grosse perle du chapelet de Kashagan. Des digues de rochers, en arc de cercle, protègent l'ouvrage des blocs de glace que les vents de l'hiver lanceront contre ses berges. Les tempêtes sont si violentes qu'elles font fluctuer le niveau de la mer. L'hiver, les hommes travailleront par − 40 °C. L'été, le soleil leur donnera envie que l'hiver revienne. Aujourd'hui, nos combinaisons de sécurité en grosse toile orange rendent la canicule difficilement supportable. Les six cent cinquante hommes employés sur le site s'affairent avec un empressement d'insectes.

Dans les escaliers de la colonne de forage, une minuscule araignée a tissé sa toile. Comment est-elle arrivée là ? Deux solutions : dans les plis de vêtements d'un employé de la base ou bien par les airs, emportée dans le vent derrière son fil de soie.

Du haut de la tour, la vue plonge sur les trente-huit puits en place. Ils suceront à quatre mille mètres de fond un pétrole sulfureux. Le brut sera séparé de son gaz sur place avant d'être injecté vers la côte par des pipelines sous-marins. Si l'opération réussit, 1,5 million de barils seront arrachés par jour au réservoir de Kashagan[1].

Les écumes caspiennes moussent sur les récifs de l'île. Je suis partagé entre la fascination et l'écœurement devant ce déploiement d'énergie. Ici l'homme manifeste à même hauteur son génie et sa voracité. L'extraction du pétrole renvoie aux temps primitifs de la chasse et de la cueillette. Les opéra-

---

1. Le potentiel de Kashagan est de 38 milliards de barils. La consommation mondiale s'élève à 80 millions de barils par jour. Kashagan fournira donc plus de 1/80 de la consommation mondiale !

tions de forage sont une forme de prédation des ressources naturelles. L'australopithèque farfouillait la charmille en quête de groseilles pour le brouet du soir. L'ingénieur casqué règle sur sa plate-forme la tête de sa suceuse pour mieux crever un batholite récalcitrant. La brute chasseresse et le chasseur de brut œuvrent au même objectif : se payer sur le dos d'une bête qui s'appelle la Terre. L'équation qui régit l'économie de la caverne et celle de la plate-forme est la même. Si l'effort dépensé pour cueillir des baies est supérieur à l'énergie que celles-ci rapporteront au cueilleur, la tribu périclite. Si l'investissement engagé dans l'extraction du baril de brut dépasse son prix de vente, les Majors déclinent. Toute prospérité réside dans la marge.

— Il est temps de rentrer, dit Anastasia.

Diplômée de la faculté des sciences politiques de Kiev, Anastasia P. est la jeune Ukrainienne chargée des relations publiques d'Agip. Elle m'a accompagné sur l'île. Nous regagnons la *drop zone* de l'hélico à travers le dédale des installations de l'*île D*.

— Vous avez vécu à Kiev ! Comment réussissez-vous à tenir à Atyrau ?

— Le travail est bon et le dimanche, je vais me promener derrière les usines. Je longe la piste d'aéroport, c'est agréable.

Les Slaves sont un peuple caractérisé par une capacité infinie d'adaptation. Retour en Sikorski. Vol au-dessus des nids de chevaliers gambettes. Dans l'appareil, j'ai vingt minutes pour réfléchir à quelques paradoxes.

Bergson s'intéresse au principe de complexification du Vivant. L'évolution, malgré ses tâtonnements (ses régressions même), se ramifie toujours vers le plus sophistiqué : de la bactérie au chimpanzé. Selon lui, la vie a triomphé, sans trop d'errance, sur deux lignes majeures : celle des vertébrés et celle des arthropodes (race maudite). Et le cerveau humain est l'apogée de cette navigation vers la complication, la clé de voûte de l'arcade ogivale. Il est une réduction de l'infini enfermée dans une boîte en os, un précipité d'univers dont l'expansion retournée s'accomplirait au-dedans de lui-même.

Le brut au contraire est un matériau élémentaire, produit par la décomposition organique. Mis à part quelques cas de suintement de surface au travers de craquelures de l'écorce, les hydrocarbures sont enfouis profondément, protégés dans le coffre des substrats. Pour les atteindre, l'homme a puisé dans son intelligence, convoqué les ressources de son cerveau. L'histoire de la découverte de la houille est la rencontre d'une pâte noire et brute avec la gelée grise humaine.

Au XVIIIe siècle, lorsque l'on découvrit l'existence d'un monde infiniment petit en observant des bactéries au moyen de loupes puissantes, on fut extrêmement peiné. Dieu avait créé un monde échappant au regard humain ! Écroulement des certitudes, vacillement du dogme, crise de la foi. Mais les hydrocarbures ? Pourquoi existent-ils ? Les puissances créatrices du monde — hasard, nécessité, forces divines — s'attendaient-elles à ce qu'un jour l'homme réussisse à fouailler le ventre du globe jusqu'à atteindre les houilles et libérer leur énergie latente ? La Belle au Bois dormant attend le baiser du Prince pour se réveiller. Le brut, lui, attendait que la complexification évolutive aboutisse à la création d'un cerveau de vertébré capable d'organiser son extraction et de libérer, par le baiser du raffinement, sa fantastique énergie en dormance.

J'en suis là de ce petit forage dans mes réflexions lorsque la voix d'Anastasia recouvre le fracas de la turbine :

— À quoi pensez-vous ?
— À une bière, dis-je.

Il pleut dans ma mousse. L'orage s'abat sur Atyrau. Anastasia est partie et je suis seul dans cette guinguette sur les bords de l'Oural. Des éclairs frappent la steppe : fantastique gâchis d'énergie. Le parasol sous lequel je me suis réfugié est mangé de trous. Le ciel goutte dans ma *Baltika*. J'ai horreur de la pluie dans la bière. L'orage redouble. Je me réfugie dans la cuisine. Tambour de la pluie. Assaut des nuages : c'est la guerre dans les champs magnétiques. Derrière l'auvent, le poêle à *chachlik* est en feu. Le cuisinier tadjik l'a tiré pour le protéger de l'averse, le flacon d'essence utilisé pour réveiller les braises est tombé dedans. La patronne, une grosse Russe emperlée, a hurlé des insultes. J'ai reconnu les mots : *svinia*, « cochon » et *tvaïa rassa*, « ta race ». La torchère brûle sous la pluie. Les *diévouchkas* m'installent une table dans la cuisine et m'apportent une nouvelle pinte.

La guinguette se trouve dans le quartier de Zilgorod, bâti dans les années cinquante par les prisonniers de guerre allemands. Destin grandiose : oubliés au bord de la Volga puis déportés sur les rives de l'Oural ! Les petites maisons peintes à la chaux s'alignent, noyées sous les arbres. Les statues de Lénine n'ont pas été jetées bas.

Le tonnerre n'aboie plus. La caravane de l'orage passe. Ce soir règne la paix. Dans mon cahier, je regarde la petite carte de la région caspienne. Je trace l'itinéraire accompli depuis l'Aral : les mille kilomètres à vélo dans l'Oustiourt puis un trait de huit cents kilomètres d'Aktau à Atyrau via Tengiz. J'aime dessiner des itinéraires sur les cartes. Je ne connais pas d'activités qui récompensent mieux des efforts accomplis. Sur le coin d'une table à la lueur d'une lampe, l'exercice est un rituel. Fascination de voir la pointe du crayon traverser si facilement massifs et rivières qui ont donné tant de peine. L'expérience d'un jour entier se précipite dans les quelques millimètres d'un trait noir. Les efforts se dissolvent, les mauvais souvenirs disparaissent. J'aurai conduit toute une partie de mon existence dans l'objectif de noircir des cartes.

La Caspienne est au centre d'un grand jeu mondial. L'expression de *great game* a été forgée par Rudyard Kipling pour désigner la lutte diplomatique, romanesque qui opposa pendant trente ans, à la fin du XIXe siècle, la couronne britannique et l'aigle tsariste. Les écrivains russes, toujours mieux inspirés, baptisèrent l'épisode le « tourbillon des ombres ». Il s'agissait de savoir qui des Romanov ou de la reine mère contrôlerait les espaces de l'Asie intérieure. Espions et diplomates, aventuriers et mercenaires, corps expéditionnaires, missions de faux marchands et délégations de moines vendus aux gouvernements menèrent dans les steppes du Turkestan et sur les hauts plateaux tibétains une ronde endiablée.

Les glacis de la Haute Asie furent à la hauteur des intrigues. Aux belles gestes, il faut de grands décors. Sir Francis Younghusband, officier britannique, écuma la Haute Asie à la fin du XIXe siècle. En 1891 sa mission le porta au cœur des Pamirs pour y juger de l'influence tsariste. Il patrouillait un jour dans le corridor du Wakhan à l'extrémité nord-est de l'Afghanistan lorsqu'il rencontra le colonel Yanov qui montait ses faisceaux avec un détachement de Cosaques. En d'autres temps, les officiers auraient échangé des coups de feu. Mais le Grand Jeu impose ses règles de savoir-vivre, ils s'échangèrent une invitation à dîner sous la tente. Cosaques et Sikhs montèrent la garde. Le Wakhan immortel où Marco Polo était passé accueillait ce soir-là le plus mondain des bivouacs. Le samovar fit honneur à la vaisselle britannique.

Dans les steppes du Grand Jeu les officiers de Sa Majesté ont trouvé un décor austère convenant à leur besoin d'ordre intérieur. Les Russes ont reconnu une terre sans mesure, propice à leurs excès. Kipling y a vu le décor adéquat pour camper la lutte de ses personnages entre leur penchant russe pour l'excentricité et leur attachement anglais au règlement. Kipling lui-même ne trancha jamais. La franc-maçonnerie l'aida à supporter la contradiction. « Les principes sont les principes, dussent les rues ruisseler de sang », écrivait-il d'une main cependant que de l'autre, il envoyait deux de ses héros tromper un peuple entier pour devenir les Princes d'un empire oublié[1]. Tous les nomades connaissent ce combat en eux de la part anglaise contre la part russe. Par son souffle, la

---

1. *L'Homme qui voulut être roi.*

steppe inspire l'extravagance. Mais sa dureté oblige à la rigueur. On voudrait cravacher sa bête, il faut la retenir. On voudrait se gorger de vodka, l'étape impose le thé. On ne voudrait que Pouchkine, on ne peut se passer de Baden Powell.

Ce qui se trame aujourd'hui autour de la Caspienne ressemble au Grand Jeu, la théâtralité en moins. À cause de son emplacement de pivot dans la masse eurasienne, la mer possède une haute valeur stratégique. Il y a plus de cent ans, le penseur Halford J. Mackinder, père de la géopolitique moderne, avait inventé une maxime pour synthétiser cette théorie. La formule a des accents de comptine, son message déchaîna les forces infernales du XXe siècle :

Qui gouverne l'Europe de l'Est domine le heartland (le centre de l'Eurasie).
Qui gouverne le heartland domine l'île monde (l'Eurasie).
Qui gouverne l'île monde domine le monde.

La ritournelle de Mackinder devait résonner jusqu'à l'obsession dans la tête du Fürher, le soir de Barberousse, lorsqu'il lâcha les meutes de *panzers* vers l'Asie intérieure. Les fauves de Guderian convoitaient le cœur de l'Eurasie. Les développements des théoriciens nazis sur le *Lebensraum* tiraient substance de la vision de Mackinder. Depuis, l'appétit des nations pour la région caspienne n'a pas faibli. Mais il se manifeste autrement que dans la charge des blindés.

Lorsque la chape soviétique s'est soulevée au-dessus de la marmite salée, la région a repris place sur l'échiquier des luttes géopolitiques. Les gouvernements des États engagés dans la préservation de l'équilibre mondial se portèrent candidats pour asseoir un peu de leur influence autour du rivage. Chacun rêva d'entrer dans la ronde des puissants autour de la flaque saumâtre, de rejoindre la danse du diable devant le chaudron.

Les Turcs n'ont jamais oublié que l'Asie intérieure leur avait appartenu un jour. Les idiomes turciques parlés des monts du Caucase aux sables du Gobi le prouvent. À Ankara, le rêve de restaurer le grand Touran hante encore les esprits nostalgiques. N'ayant plus la puissance pour se réapproprier leur arrière-cour historique, ils recoururent dès 1991 à l'arme des temps modernes pour pénétrer les citadelles : ils investirent de l'argent dans les universités, les mosquées, les chambres de commerce du nouveau Turkestan libéré des chaînes soviétiques. Bordé sur son flanc nord par les houles caspiennes, l'Iran partage avec la Turquie le souvenir d'une gloire perdue. L'empire achéménide couvrait, en 500 avant J.-C., les territoires du Turkestan ex-soviétique. Un millénaire et demi plus tard, la mémoire des époques fastueuses suffit à faire naître des convoitises dans le cœur des fils des Perses. Mais tant que l'Iran reste frappé du titre d'*État voyou*, ses prétentions sur le cœur caspien sont vaines. Ni les ayatollahs, ni le *turkmenbashi* (dernier dirigeant de la Haute Asie possédant le sens théâtral) ne reprendront place dans le Grand Jeu. La Russie assiste à la dissolution de son *limes* austral. Tant d'énergie dépensée depuis Ivan le Terrible, pour voir ces marches chaudes s'éloigner des rivages russes ! En Ukraine, en Géorgie, au Kirghizistan, des révolutions de velours ont chassé du pouvoir les anciens apparatchiks. Mais Moscou possède encore la force de maintenir les pays de l'ancien Soyouz dans un état de dépendance économique et énergétique. Malgré la dérussification des élites, l'ombre du Kremlin porte loin et enfonce son coin dans la steppe centrale. Les Chinois, eux, ont un double intérêt à intégrer la sarabande. D'une part pour capter une proportion des ressources souterraines à l'heure où le peuple chinois est devenu un monstrueux consommateur d'énergie, de l'autre afin d'affirmer l'autorité de Pékin. Dans les confins de l'Empire jaune, la minorité musulmane et turcophone du Sinkiang galvanisée par les indépendances kirghize et kazakhe, enfiévrée d'islamisme se sent pousser des rêves d'autonomie. Par-dessus ce concert, les USA jouent un jeu conquérant et projettent leur puissance économique, politique et militaire dans la zone. Ils favorisent les destitutions d'autocrates soviétoïdes, investissent des dollars, s'ingèrent politiquement, interviennent militairement. Un réseau de bases de l'US air force installées depuis 1991 au gré des occasions mouchette les anciennes marges méridionales soviétiques, des Balkans jusqu'au Kirghizistan.

Jadis, ces nations auraient calmé leur appétit en s'appropriant quelque arpent de terrain, comme on se taille une part dans le gras d'un gigot (*j'aime tellement la France,* disait l'Henri V de Shakespeare, *que j'en reprendrai volontiers un morceau*). Mais les temps ont changé. Aujourd'hui, la course aux réserves énergétiques a remplacé la conquête géographique. On ne prépare plus les guerres penché au-dessus des cartes mais des relevés géologiques. L'or noir enfièvre davantage que les taches blanches. Les anciennes disputes qui se dissolvaient dans le fracas des canons se résolvent à présent dans la signature des contrats. Et ce sont les pipelines convoyant le brut vers les pays consommateurs qui symbolisent les victoires. Les tubes tracent matériellement à la surface du terrain les axes de tension illustrés autrefois par le serpent des lignes de front. La mer Caspienne n'est pas partagée, elle est écartelée et les tuyaux d'acier sont les câbles de son supplice. Ils fusent dans toutes les directions cardinales.

Où basculeront les réserves caspiennes ? La question obséda les états-majors des années quatre-vingt-dix[1].

---

1. Voir carte n° 6.

Les Chinois prévoyaient de financer un oléoduc courant du Kazakhstan jusqu'au Sinkiang à travers la Dzoungarie. Le brut aurait ainsi rejoint le tube qui traverse la Chine sur six mille kilomètres, des confins du Sinkiang jusqu'à la côte orientale ! Les Russes bâtirent dans les années quatre-vingt-dix un oléoduc convoyant le pétrole kazakh jusqu'au port de Novorossirsk sur la mer Noire à travers la Tchétchénie[1]. Le soin de maintenir le flux dans ce gros ver d'acier sabrant steppes et déserts explique la pression militaire russe dans la région caucasienne. Longtemps les Pakistanais manœuvrèrent en eaux troubles pour que triomphe le projet des Majors américaines[2] et qu'un tube achemine les réserves caspiennes jusqu'au golfe d'Oman à travers l'Afghanistan aux mains des Talibans. Ni les visées chinoises ni les intrigues d'Islamabad ne convenaient aux Indiens favorables à un conduit iranien balafrant les grands déserts de la Perse antique. Même les Turkmènes ajoutèrent leurs projets à ces échafaudages de vaines théories, rêvant d'un tube turkmèno-iranien.

La caricature présentant les États-Unis comme un prédateur des huiles mondiales est inepte. Faire main basse sur les ressources n'est pas envisageable dans le contexte du droit international. Dans le nœud de vipères du Grand Jeu, les Américains

---

1. Ce pipeline s'appelle CPC.
2. Et notamment de l'UNOCAL.

poursuivent un unique intérêt : garantir la permanence des flux pétroliers. Maintenir la circulation des huiles dans le réseau mondial. L'écoulement de l'or noir doit être assuré à partir du plus grand nombre de sources possibles. Aucun gouvernement ne saurait monopoliser le geyser de l'approvisionnement. Les libres mouvements du brut sont gage de la stabilité des prix et de la sécurité énergétique mondiale. Ils prémunissent l'humanité contre un krach. Le brut est pareil aux sacs postaux de l'Aéropostale, du temps où Latécoère s'exclamait : « Il faut que le courrier passe ! » Peu importe par où du moment qu'il transite dans les tubes du système digestif global. Cette politique conduisit Washington à intervenir en toute occasion pour favoriser dans des pays instables les conditions politiques, juridiques et économiques présidant aux investissements pétroliers.

Dans la lutte pour le contrôle des réserves caspiennes, le camp de l'Ouest a remporté une victoire. La plupart des rêves de pipelines ont été engloutis. Le projet d'un immense tube de près de deux mille kilomètres ralliant Bakou à la Méditerranée via l'Azerbaïdjan et la Géorgie a pris corps. Le tube Bakou-Tbilissi-Ceyhan est en activité depuis le printemps 2006 et convoie les hydrocarbures des réserves du sud caspien vers l'Occident. Dans un proche avenir, les ressources du gisement de Kashagan seront elles aussi raccordées à ce tube. Les présidents kazakh et azéri se sont entendus sur la question[1]. Les réserves caspiennes ont donc basculé à l'Ouest, dans l'axe du bien. Vers le gosier des consommateurs les plus avides.

Ce pipeline m'attire. Je rêve en baladin de longer ce tube du monde occidental. Il trace un itinéraire très pur à travers les reliefs du Caucase et de l'Anatolie. Pour poursuivre la petite conversation intérieure que j'entretiens sur le thème de l'énergie, il faut que je remette mon corps en mouvement. Quoi de plus logique que d'avancer sur les bords d'une rivière de pétrole ?

Dans l'immédiat, je dois rejoindre Bakou et pour atteindre Bakou, il me faut traverser la Caspienne. Dans l'ordre : vider ma *Baltika*, trouver un ferry.

---

[1]. Un accord a été signé en juin 2006 entre le président azéri et le président Nursultan Nazerbaiev. Celui-ci envisage officiellement le raccord des réserves de Kashagan dans le BTC.

VI
Bakou

Un seul bateau par semaine relie Aktau à Bakou. Des centaines de voyageurs, rendus dociles par des années d'étals vides, patientent avant l'embarquement. Dans la file, les gens sont résignés d'ennui. L'attente, qu'y a-t-il de moins énergétique ? Onze heures après l'arrivée des premiers passagers, les portes de l'inspection douanière s'ouvrent enfin.

Le chien ne trouve rien. C'est triste, un berger allemand bredouille. La pauvre bête traque du mufle la daube afghane (opium du Nuristan, héroïne raffinée dans les Pamirs, pavot de Jalalabad). L'un des itinéraires de trafic de la drogue pachtou transite par le Badakhchan tadjik, les oasis ouzbeks, le désert de l'Oustiourt, la mer Caspienne et le Caucase avant de rejoindre l'Europe de l'Est ou la Turquie[1]. La drogue emprunte les

---

1. Voir Stéphane Allix, *Afghanistan, aux sources de la drogue*, Ramsay, 2003.

mêmes axes que le brut. La peau de l'Asie centrale est striée de veines d'or noir et de poudre blanche.

Des trains citernes, en provenance de Tengiz ou de Uzen, déversent le pétrole dans le ventre des supertankers. Les bateaux recracheront le brut sur la rive d'en face, en Azerbaïdjan, dans l'oléoduc Bakou-Tbilissi-Ceyhan. Le ferry-boat — d'époque brejnévienne — attend que la passe soit libre pour s'extraire de la rade.

À bord, c'en est fini du nomade. Le ferry est chargé d'Azéris. Les fils des steppes à l'œil en fente dans une peau cartonnée ont laissé place aux Caucasiens dont les visages témoignent que la vague turque, par-delà la Caspienne, a rencontré l'Indo-Européen au pied du Caucase. On boit le thé dans des petits verres turcs à cul rond. La manière de servir le thé renseigne encore mieux que les considérations morphologiques sur les basculements d'univers.

Mer sale. Mer d'huile, au sens propre. Une couche de pétrole recouvre la Caspienne. Les flaques marquent l'eau comme les taches d'une maladie de peau. Depuis cent ans, les derricks côtiers recrachent du cambouis dans le lac fermé. J'ai quitté une mer vidée pour une mer souillée. De temps en temps, la coque frôle de vieilles plates-formes abandonnées. Le bateau passe dans le silence. La vision se dissipe. La crème fouettée du sillage redevient plan d'eau calme.

Est-elle mer ? Est-elle lac ? Question importante pour les poètes. Une comptine azérie dit à peu près ceci :

> La Caspienne frappait la plage du ressac.
> Un jeune homme versait son chagrin dans le lac
> Malheureux d'ignorer si l'étendue d'eau claire
> Qu'il gonflait de ses pleurs n'était pas une mer.

Du point de vue hydrologique, la Caspienne est une mer. Son statut fait pourtant débat. Les États côtiers n'exploiteront pas la même proportion d'eau territoriale selon qu'elle est mer ou lac. Jusqu'en 1991, l'URSS et l'Iran s'entendaient pour le partage. Quand Turkménistan, Kazakhstan et Azerbaïdjan sont nés autour du rivage, les discussions ont repris. Les Iraniens dotés d'une petite bande maritime privilégient le partage lacustre qui sépare le plan d'eau en cinq parts égales. Pour l'instant, les autres s'accommodent de la juridiction maritime calculant la surface des eaux territoriales en fonction de la taille du littoral.

La terre approche. La croissance économique azérie transforme le visage de Bakou[1]. Des milliers de maisons en construction montent à l'assaut des collines.

Débarquement des passagers : rares Kazakhs aux dents d'or, Russes aux bras pareils à des jam-

---

1. Croissance entre 19 et 21 % en 2005.

bons, Azéries aux cambrures de gitanes, Caucasiens aux sourires comme des couteaux orientaux : effilés et courbes. Les douaniers essaient de voler ce qu'ils peuvent. Je n'ai rien à déclarer à pareilles gens.

Bakou, vieille traînée. Entre les jambes de sa baie grande ouverte, elle reçoit sans rien y redire tout ce qui vient du large — déchets, aventuriers, rafiots d'Iran, barcasses de pêcheurs d'esturgeon, flaques d'huile kazakhe et marins russes descendus d'Astrakhan pour se dorer la couenne.

Les bâtisses du XIXe reflètent les années d'or. On venait de découvrir la valeur économique du pétrole. Quelques pionniers géniaux pressentaient l'avenir du brut. En 1875, les premiers forages perçaient la nappe azérie, à Balaxani, à quelques kilomètres au nord de la ville. Bakou devenait capitale mondiale de l'or noir. Nobel et Rothschild achetaient des concessions et érigeaient des villas rococo que les Hummer et les Mercedes de la nouvelle ère économique balaient de leurs phares. Les immeubles qui poussent aujourd'hui dans le centre-ville ombragent les quartiers début de siècle. Mais entre l'époque des Rothschild et celle des Majors du XXIe siècle, il y eut l'ère des Soviets. Le communisme a planté des barres de béton gris, au cordeau. En novlangue soviétique on appelle ces ensembles les *quartiers du progrès*.

Le soir, une houle de monde se lève sur la promenade du front de mer. Une jetée est l'endroit où se jettent les gens dans l'espoir que le destin les précipite dans les bras les uns des autres. Les huit millions d'Azéris attendent la retombée de la manne pétrolière promise par le gouvernement. Une femme voilée marche derrière son mari. Un ketch à voile blanche vogue sur l'eau. L'un prend le vent du large. L'autre se protège de l'air ambiant. Assis dans une ginguette, je dévore le rapport annuel de la British Petroleum. Il n'est question que de suceuses, de *pipes*, de pâte épaisse remontant des tréfonds, de colonnes de forage perçant des carapaces, de giclées de boue noire jaillissant dans des geysers torrides. Et voilà que déambule devant moi tout ce que la vulgarité centre-asiatique charrie de poulettes à talons hauts, jupes rases et regard torve. La tête me tourne un peu. Pour le vagabond déboulant de l'ascèse steppique, l'énergie sexuelle des capitales est plus violente que la gifle des embruns à la proue des navires.

Le voyage dissipe le trop-plein énergétique. Le mouvement est la soupape de la fièvre sexuelle. Si le corps brûle trop, il suffit de rajouter à l'étape quelques kilomètres pour l'éteindre. Les nomades, comme les *wanderers*, vivent dans un parfait apaisement intérieur. Non pas que la Nature *désélectrise* leur moelle, mais parce qu'un bel usage du monde permet de dépenser avec juste mesure le trop-plein vital sur le sable des pistes. Lorsque je chemine par les travées du monde, je me sens comme ce vagabond de Knut Hamsun, qui murmure sous l'étoile d'automne : « Je n'ai pas lu les journaux et je vis tout de même, je vais bien, je fais de grands progrès en calme intérieur, je chante, je me pavane, je vais tête nue, contemplant le ciel, le soir. »

Mais la plongée soudaine dans les villes réveille les mauvaises fièvres. En milieu urbain, plus moyen de les étouffer par l'effort. Le voyageur retombe sous l'aiguillon de l'énergie sexuelle sitôt qu'il gagne les faubourgs. En ville, tout s'étiole, sauf les pulsions.

L'intelligence glacée de David Woodward calme l'emballement de mes bielles. Le président de la British Petroleum ressemble à un pasteur anglican du Dorset. Son bureau est situé au dernier étage de la Villa Petrolea, construite sur la corniche sud-ouest de Bakou. Au pied des marches, ces consignes :

Tenez la rampe.
Ne montez pas les marches quatre à quatre.
Regardez devant vous.
Ne parlez pas dans l'escalier.
Ne vous engagez pas avec les bras encombrés de dossiers.

L'extraction pétrolière est une activité à haut risque. BP ne veut pas d'un accident dans l'escalier.

Des gisements sous-exploités par les communistes, presque aussi juteux que ceux de Kashagan, dorment au large de Bakou. Après l'effondrement de 1991, on reconsidéra leur potentiel. Ils furent jugés fructueux. En septembre 1994, le président azéri Gueïdar Aliev signa « le contrat du siècle » avec des Majors pétrolières occidentales dont la British Petroleum. L'ancienne petite république soviétique avait proclamé son indépendance trois ans plus tôt. Les compagnies s'engageaient pour trente ans (1995-2025) à extraire les 500 millions de tonnes de brut du gisement off-shore à l'est de la péninsule de Bakou[1]. L'Azerbaïdjan recevait près de huit milliards de dollars et le contrat prévoyait un reversement de 70 % des bénéfices pour le pays. Bakou pouvait enfin envisager de se dégager de la dépendance russe.

Restait un problème crucial. Par où faire sortir le brut et le gaz azéris ? Les mêmes questions que pour les gisements du nord de la Caspienne se posaient. L'éternelle rengaine d'une Asie trop centrale. Les Américains défendirent avec succès l'idée d'un tube convoyant le brut vers le port de Ceyhan en Turquie depuis Bakou, via Tbilissi, doublé d'un gazoduc[2]. Clinton initia le projet du Bakou-Tbilissi-Ceyhan. George Walker Bush poursuivit l'entreprise. Les Anglais de la British Petroleum se

---

1. Gisement pétrolier d'Azéri-Chirag-Guneshli doublé du gisement de gaz de Shah Deniz qui alimentera le SCP, gazoduc parallèle au BTC.
2. Voir carte n° 7.

chargeaient du chantier. En 2006, on inaugura le BTC, *corridor de l'énergie*[1].

Pour l'Occident, ce *pipe* est une arme. Lorsqu'il marchera à pleine machine, le tube charriera quatre-vingts millions de barils de brut par jour[2]. Il contourne la Russie, ignore les réseaux de pipelines russes déjà en place entre Bakou et le port de Novorossirsk sur les côtes de la mer Noire. Il empêche la fuite des réserves du Sud caspien vers les marchés chinois ou iranien. Il affermit la position des Américains sur la bordure nord de l'Iran. Il scelle un lien physique entre l'Azerbaïdjan, la Géorgie et la Turquie, inaugure un axe d'amitié Est-Ouest contrecarrant la traditionnelle entente Moscou-Erevan-Téhéran. Il stabilise la Macédoine caucasienne, ouvre à l'Azerbaïdjan et à la Géorgie la porte du bloc atlantique. Il conforte la Turquie dans son désir de devenir le pourvoyeur d'énergie de l'Europe. Il allège la noria des cinquante mille bateaux dans les eaux du Bosphore et réduit le risque d'une marée noire à Istanbul. Il protège les anciennes républiques du Soyouz des caprices de la Russie. Avec lui, Tbilissi ne connaîtra plus des hivers semblables à celui de 2006 au cours duquel Moscou avait coupé le gaz. Les réserves de Kashagan couleront un jour par-devers lui — vers l'Ouest.

1. Expression utilisée par G.W. Bush.
2. Montant qui correspond à 1/25 de l'accroissement de la consommation annuelle mondiale.

Ce tuyau draine dans son sillage autant d'hydrocarbures que de bouleversements.

— Je comprends que tout ceci vous excite, tempère David Woodward. Le Bakou-Tbilissi-Ceyhan flanque un coup de sabre dans l'ancien équilibre caucasien. Mais pas d'affolement, nous sommes des commerçants. Notre rôle est de vendre du pétrole. Il y avait une offre dans la Caspienne, il y avait une demande à l'Ouest. Nous n'avons fait qu'un raccord en acier entre l'offre et la demande.

— Et les Russes ? Ils ont été évincés !

— Vous êtes touchant. Notre objectif est le business. Nous vendons du pétrole. Il s'agit de marchés obtenus par des contrats, pas d'une continuation de la guerre froide par d'autres moyens ! Les Russes ont assez à faire avec leurs pipelines au nord du Caucase.

— Mais d'où vient que vous soyez si fiers ? Pourquoi cette affiche sur le fronton de la Villa Petrolea : « BTC, WE HAVE DONE IT ! »

— Parce que le BTC est le plus important ouvrage technique de ce siècle naissant. Nous avons fait passer un intestin d'acier à travers les montagnes du Caucase et de l'Anatolie. En trois ans nous avons soudé des centaines de milliers de sections, triomphé de près de deux mille kilomètres d'embûches. Nous avons passé des cols à plus de deux mille cinq cents mètres, traversé marécages et forêts et franchi des milliers de cours d'eau.

Et sur tout son tracé le tube est enterré, quasiment indétectable. Nous avons inventé le pipeline invisible !

Sir Woodward ne précise pas que l'oléoduc se faufile entre des zones à hauts risques. Le pipeline croise par les monts et les vaux du Caucase à quelques encablures de la Tchétchénie, du Nagorno-Karabakh, de l'Abkhazie et du Kurdistan turc. Les tensions politiques l'ont obligé à des circonvolutions. Sur les cartes les tracés des tuyaux nous habituent à des lignes franches. Le BTC dessine des courbes reptiliennes. Kilomètre après kilomètre je m'apprête à suivre à la trace les lacets prodigieux de l'intestin d'acier.

On tirait déjà le brut des sous-sols de la péninsule d'Absheron aux époques antiques. Le sang de la roche était utilisé par les médecins quand elle n'était pas brûlée dans des lampes à huile. Marco Polo le mentionne dans son *Devisement* : « ... et sur cette frontière devers les Géorgiens, il y a une fontaine d'où sourd une liqueur telle qu'huile en grande abondance, tant que parfois un cent de grandes nefs y chargent aisément en même temps ; point n'est bonne à manger, mais est bonne à brûler et pour oindre les hommes et les animaux galeux ».

Autour de Bakou, subsistent les traces des temps héroïques. À bicyclette, je fais la tournée de la nostalgie. Au bout de la péninsule d'Absheron, la presqu'île d'Artyom est une quintessence de paysage post-soviétique. Les Russes ont la capacité d'imprimer dans les géographies qu'ils aménagent la marque du tragique. Là où passent les Rouges, reste la rouille. La mer est hachée par l'entrelacs d'acier des plates-formes off-shore. Campées sur leurs treilles, elles ressemblent à une troupe de gerris géants avançant vers la côte. Sur la rive, des têtes de cheval continuent à pomper des champs presque vidés. Des roselières colonisent des maisons à l'abandon. Quelques villageois irréductibles n'ont pas déserté les lieux. Ils regardent le niveau de la Caspienne monter. Accroissement des débits des fleuves tributaires ? Déversement d'eaux souterraines ? Nul expert ne s'accorde sur les causes. Quatre hommes jouent aux cartes sur le pont d'un bateau échoué. Un phare jette son rayon au-dessus des lieux. Il préfère balayer l'horizon. Artyom, terre oubliée par le reste du monde.

Dans le champ de Sélim Khanov, ou de Qala, au bout de la presqu'île d'Absheron, les mêmes têtes de cheval et les mêmes tours de forage grincent depuis cent vingt ans. Le brut comme le formol conserve. On trouvait tant de pétrole aux premières heures de la gloire de Bakou que les gens creusaient dans leur jardin. Des derricks et des pompes sont encore encagés derrière les palissades de petites maisons. Au début du XXe siècle, le monde du brut comme l'univers des carreaux de mines illustraient toute l'iniquité de l'esclavage industriel. À quelques kilomètres des villas flamboyantes de la rue Bülbül une population de faces noires vivant en rat d'égouts tiraient le jus des nappes pour le profit des grandes familles. Sous les lambris des villas, il fallait maintenir le faste à haute pression.

En contrebas de la mosquée Bibiheybat, une forêt de derricks anciens est plantée dans un mazout aux reflets de pyrite. Les installations marchent encore. L'endroit exhale l'odeur des fondrières. Toute vie a disparu de la surface, le rivage est massacré, le paysage, splendide. Les écologistes n'ont aucun sens esthétique. Que trouver à redire devant pareil spectacle ? Lorsque le soleil de l'aube visite ce champ muséographique, les flaques de fuel s'illuminent, elles prennent vie comme les facettes éclatées d'un vitrail. Des volutes vif-argent dansent sur le manteau d'arlequin des taches de cambouis. Les ruisseaux d'huile serpentent vers la mer aussi lentement que des orvets bleus. Esthétique du bousillage.

Devant les panoramas grandioses, il faut changer d'échelle. Je découvre des dizaines de cloportes sur le sol, seules bêtes à prospérer dans ces environs saturés de pétrole. Les arthropodes survivront à l'hiver nucléaire. Eux, isopodes, s'accommodent des marées noires. Ils mesurent 3 centimètres. Certains (les chefs ? les prêtres ? les nobles ?) portent deux striures jaunes sur le dos. Ils déambulent en tous sens. Fuient-ils la lumière ? Beaucoup reviennent sur leurs pas ou bien tournent en rond. Je voudrais leur dire d'économiser leurs forces.

Le mouvement est notre grande affaire sur la terre. L'être humain se déplace par nature. Ce qui le distingue avant la conscience de lui-même, la foi en Dieu ou la capacité de cuisson de ses aliments, c'est sa bipédie. Il n'est homme qu'après ses premiers pas. Ensuite il marche pour chasser. Il bouge pour rencontrer son semblable, s'apparier, perpétuer l'espèce. Dans la société moderne, il caracole pour avoir la certitude d'exister. La grande angoisse moderne : être cloué ! Nous sommes tous persuadés que l'entrave au mouvement du corps est la première atteinte à la liberté. Si nous vivons en des villes de pierre, emprisonnés dans les cages de nos existences, c'est parce que la civilisation s'est toujours efforcée de contraindre notre nature. Et pour nous consoler d'avoir dû renoncer à nos pulsions nomades, nous voyageons, nous nous agitons. Nous recréons le nomadisme. Nous roulons sur le goudron[1]. Nous mettons Marseille à quatre heures de Paris dans les TGV. Nous volons en avion. Nous allons et venons, ressemblons aux cloportes de Bakou. Les striures sur le dos en moins.

Le pillage énergétique de la terre tire racine de cette fièvre de mouvement. Les transports représentent la principale source de consommation d'énergie planétaire. Parce qu'il est en marche, le monde a besoin d'énergie. Les derricks qui sucent

---

1. En 2006, 35 millions de voitures en France pour 61 millions d'habitants !

le sang du sol dans l'aube de Bakou œuvrent pour satisfaire notre irrépressible besoin de mobilité. Si l'homme ne voulait pas échapper à son destin de bipède, il vivrait à six à l'heure. Le monde tournerait rond, l'harmonie régnerait. Les houilles reposeraient par quatre mille mètres de fond. Mais il lui faut aller plus vite que ne le lui permet sa foulée ! La coccinelle ne vole-t-elle pas avec une économie somptueuse de moyens ? C'est parce que le vol est dans sa nature. L'homme lui est un animal qui ne se résigne pas à le rester. Et pour s'enfuir de sa chambre, il a besoin de pétrole.

Je quitte mes cloportes pour célébrer le 14 Juillet avec les diplomates français. La fête nationale se tient à l'Hyatt. J'ai une pensée pour les croquants sans-culottes. Prévoyaient-ils qu'on célébrerait le souvenir de leur lutte autour de la piscine de l'hôtel de luxe d'une capitale pétrolière ? Les vigiles me barrent le passage. J'ai mes habits de steppe, on ne veut pas me laisser entrer. J'aimerais dire aux cerbères : « Camarades, croyez-vous que les braves que nous fêtons ce soir se seraient formalisés de l'état de mes frusques. Faut-il donc un blanc-seing pour qu'on me juge digne, ou un jabot plus blanc ou de plus riches chausses ? »

Mes bribes de russe ne me permettent que ceci :

— Camarades. Mes habits, pas beaux. Mais 14 Juillet, hommes égaux ! Moi passer ! Fête Révolution !

Finalement, un agent de l'ambassade me fait entrer.

Le destin de Bakou est à ce point lié à l'exploitation des hydrocarbures que les ressources souterraines de la ville furent déifiées ! À quelques kilomètres au nord-est du centre, dans la presqu'île d'Absheron, le temple de Suraxani, petite chapelle moghole du XVIIIe, abritait autrefois un filet de gaz naturel qui sourdait d'une faille de surface et alimentait une flamme perpétuelle. Sur le fronton du temple, le trident de Shiva. Des adorateurs du feu — zoroastriens extatiques, Perses aux cultes solaires, dévots punjabis venaient rendre des grâces. Mais quel dieu a jamais réussi à triompher du progrès ? En 1879 le prêtre hindou qui veillait sur la flamme divine vendit les droits d'exploitation du gaz à la Bakou Oil Company ! Les Majors sont des titans plus puissants que les dieux. « Aujourd'hui, explique la guichetière musulmane, le temple est raccordé au réseau gazier de la ville. » La dernière flamme naturelle de la région brûle plus loin, à Yanar Dag. Le gaz qui chuinte au bas d'un talus fut allumé accidentellement en 1958 au cours d'un écobuage.

Sommé de monter par les pressions souterraines, le gaz s'est frayé une voie jusqu'à la surface. La fissure de roche de Yanar Dag met les hommes en communication avec les secrets chtoniens. Je reste une heure, sur ce haut lieu païen, des flammes dans les yeux. Rien de surprenant à ce que l'homme ait déifié le feu. Toute extase procède de l'engourdissement et rien n'est plus reposant ni plus hypnotisant que la gigue des flammes sur le tapis des braises. Le feu est la manifestation parfaite de la libération énergétique. Le soleil accumule sa force dans la nappe de gaz, le tronc de l'arbre, la bouse du yack. En quelques secondes, le feu dilapide cette patiente épargne, dévore la minutieuse cotisation des photons, libère la puissance hibernante. Il transforme l'information chimique en chaleur et lumière. Le feu est force. Nul doute que dans l'immense mélancolie de ses soirées solitaires, assis devant son foyer, l'*homo erectus* sentait pareilles pensées cheminer en lui.

Je croyais que le feu partageait avec les ressacs océaniques, le vent dans les aulnes et les aurores sur la neige, la caractéristique d'imposer le silence. Mais une troupe de jeunes Azéris enrichis dans la prédation houillère, déboulent à grand bruit, portable en main, filles au bras, dents blanches et ventre gras. Ils parlent fort, et piétinent les flammèches. Ils profanent l'esprit du feu. Il est temps de quitter Bakou.

VII

Azerbaïdjan

Bakou est appelée « ville du vent ». Les rafales qui soufflent du sud m'empêchent de pédaler à plus de six à l'heure. Je longe la corniche et quitte la ville par la porte du sud gardée par la mosquée Bibiheybat. En contrebas, le port semble à l'abandon. Pourtant des bateaux vont et viennent. Ils glissent entre les cargos rouillés, disparaissent derrière une barge éventrée, gagnent finalement le large. Cimetière d'acier en vie. Dans une rade voisine, des ouvriers réparent une plate-forme flottante. Mille lumignons sur la treille d'acier de la colonne de forage. Elle tend ses cinquante mètres dans le ciel, excitée par la poésie de ce délabrement. Mâts, pylônes, armatures de derricks et antennes d'épaves dépassent de l'amoncellement des coques éclatées, des ferries échoués, des grues flottantes enfoncées dans la vase. Parfois un soubassement de ciment surnage en iceberg dans la mer plaquée d'huile. Plantées en arrière-plan sur le talus côtier, formant une couronne à ce charnier d'acier, des têtes de cheval picorent lentement.

Le littoral ressemble à un débarras de ferrailleur. L'eau a des reflets de satin. Grâce à une faculté d'abstraction héritée peut-être du fatalisme soviétique, les Azéris évoluent avec bonheur dans ces décombres. Les enfants jouent, les femmes nagent, les hommes pêchent et même de blanches colombes viennent profiter des réjouissances des familles.

Sur un quai effondré, des vieux messieurs lancent déjà leurs lignes vers la lumière de l'aube. Que des poissons survivent dans ces nappes mazoutées est un miracle. Nous-mêmes, frétillerons-nous encore une fois la Terre couverte de béton ?

Courte halte au sanatorium de Shikhov, à la sortie de Bakou. Fenêtres brisées, escaliers lugubres, la bâtisse n'est que le fantôme de l'ancien établissement. Des patients catharreux glissent sur le linoléum, poussés par les courants d'air. Il y a quinze ans, l'endroit était réputé dans toute l'URSS. Les Russes sont obsédés par le thermalisme. À l'époque bénie, ils couvrirent l'Union de stations thermales. Sur la moindre source chaude, un sanatorium. De la Moscovie au Kamchatka on accourait pour se plonger dans les eaux bénéfiques, entre deux rasades. Ici, l'eau est puisée à mille mètres de fond. Elle jaillit mêlée de naphte, couleur d'ébène. Des infirmières en blouse blanche surveillent le bain des patients dans les baignoires remplies de jus noir. Se baigner dans le brut : fantasme de magna. Une vétérante de la guerre, soutenue par deux aides-soignantes, avance vers sa cuve de pétrole. On entend le cliquetis des médailles. Une doctoresse s'avance :

— D'où es-tu, jeune homme ?
— De France, dis-je.
— Où vas-tu ?
— En Turquie.
— En bus ?
— À vélo.
— Tu n'as pas mal aux genoux ?
— Si, le soir.
— Il te faut un bain. Salle 12.

Je m'échappe. Le vent redouble. La route longe les plages. Des baigneurs matinaux nagent à quelques centaines de mètres de plates-formes offshore. Une pancarte *Baignade interdite* sert de plongeoir aux gosses. Des femmes lourdes sont couchées sur le flanc. À l'extrémité de la plage, des cargos aussi.

Ce matin, j'ai eu du mal à m'arracher à la torpeur du séjour dans la ville. L'envie de replonger dans le bain de la route l'a emporté. Une vie passée sur la piste force à toujours se recommencer. Rien de mieux pour en tuer la valeur que de s'endormir dans la soie de l'existence. Je remue ces pensées matamores pour me persuader que j'ai bien fait de partir dans les rafales.

À cinquante kilomètres au sud de Bakou, le fil des collines littorales marque un retrait. La plaine côtière profite du repli et s'élargit. Les cuves à hydrocarbures du terminal de Sangachal s'élèvent sur ce replat blanc crème dans l'ocre des rocailles. Des gardes armés surveillent l'entrée. Au sommet des éminences, on imagine des soldats, jumelles braquées sur les installations. Les huiles pompées dans les nappes off-shore reposeront dans le terminal, en attendant d'être injectées sous pression dans le pipeline. Ce terminal est donc un point de départ. Il permettra de régler le flux, stocker le trop-plein, maintenir la pression artérielle du tube. Pour l'économie de l'Azerbaïdjan, ces déversoirs sont des outils de régulation des cours. Le président Aliev, comme Poutine, pourra manipuler les robinets, menacer de fermer les vannes. La vraie puissance, c'est de pouvoir couper les vivres. Dans le ciel la haute flamme d'un séparateur brûle les émissions de gaz produites par le brut.

J'ai rendez-vous avec une employée des services sociaux de la British Petroleum. Elle me conduit dans un camp de réfugiés adossé aux installations pétrolières. Des maisons de parpaings grossiers abritent cent familles originaires de la région du Nagorno-Karabakh. L'indépendance des républiques sonna le glas de l'un des plus beaux principes de l'aventure soviétique : la *pax russica*. Une multitude de peuples coexistaient en paix sous la rouge bannière de l'Union. L'édification du socialisme leur servait de ciment commun. La peur et l'inertie bouchaient les trous. En 1991 la citadelle s'effondra et les haines rejaillirent. Les clans se reformèrent. Le rêve léniniste de « maison commune » avait vécu. En plein Caucase féodal, l'un des premiers conflits éclata dans le Nagorno-Karabakh. Ce territoire chrétien, rattaché par Staline à l'Azerbaïdjan, fut récupéré par l'Arménie avec l'aide des Russes en 1994. Au terme d'une guérilla, six cent mille musulmans s'exilèrent hors du petit État. Les réfugiés dévalèrent des versants, vers la mère patrie. L'Azerbaïdjan les accueillit en évitant la crise.

L'affaire réveilla les braises. Aujourd'hui, les jeunes Azéris dégorgent sans répit leur haine de l'Arménien. Le fiel leur est inoculé par la propagande d'État et entretenu par la télévision, lucarne de laideur ouverte sur la bêtise. Dans le champ pétrolifère de Qala, près de Bakou, un jeune ouvrier réglant un manomètre me lançait l'autre jour : « les Arméniens : le dernier des peuples ». Encore nostalgiques de la paix soviétique, les vieux Azéris conservent le souvenir des voisinages paisibles et n'arrivent pas à haïr avec tant d'enthousiasme leurs voisins des montagnes. Les anciens se souviennent toujours de ce qu'il coûte de se battre. Les jeunes eux rêvent d'en découdre.

Les réfugiés furent logés dans des villages de fortune. Dans le camp d'Ümid, BP a financé des ateliers d'artisanat. Les réfugiés cousent les gants qui serviront aux ouvriers du terminal de Sangachal. Dans une chaleur de four à pain ouzbek, je visite les maisons. Des cousettes aux yeux tristes découpent les pièces de cuir. Les machines à coudre stridulent. Le soleil brûle.

Deux réfugiées m'invitent dans une flaque d'ombre, autour d'une pastèque. Elles ont quarante ans. Elles me racontent leur fuite du Karabakh vers l'Azerbaïdjan, à pied, par les nuits d'hiver.

— À travers les collines de l'Iran, nous avions la peur au ventre et nos gosses sur le dos.

Ces femmes ont connu la prospérité, puis la guerre, l'exil et la chute. Une vie sur la terre. Les larmes leur montent aux yeux quand les souvenirs leur viennent aux lèvres. L'employée de BP me lance :

— Vous ne voyez pas que vous les faites pleurer avec vos questions ?

— Si, mais elles préfèrent peut-être ça que de nous voir passer avec nos silences.

Des enfants jouent dans la rue blanchie de cette chaleur qui « rendait le paysage inhumain » dans l'Algérie de Camus. L'horizon de vie de ces enfants : les collines brûlées, le village de poussière adossé au terminal. Leur perspective d'avenir : demeurer à jamais dans cet horizon de vie. Chacun s'affaire pourtant à vivre du mieux qu'il le peut. La chef d'atelier a l'air heureuse. Il se dégage d'elle la même énergie que si tout allait bien.

En remontant en selle, je réfléchis à ce mystère : les conditions extérieures aussi âpres soient-elles n'entament pas l'appétit d'existence. Remontent à ma mémoire ces lieux que j'ai traversés au cours de précédents voyages, en Birmanie, en Afghanistan, en Inde où toute joie avait déserté les lieux. L'envie de vivre se maintenait, intacte ! Les bornes kilométriques passent.

Kilomètre 55. La vie humaine ne se pose pas la question de savoir pourquoi se perpétuer. Elle se renouvelle dans la fatalité de sa fuite en avant. Elle ne demande pas d'explications car elle contient dans son inscription le fardeau de sa continuation.

Kilomètre 56. L'onde d'énergie libérée par l'explosion sidérale du big-bang continue à se propager. Serait-ce son écho qui alimente à chaque instant l'obligation de maintenir la vie en ordre de marche ?

Kilomètre 57. Pour se développer, la vie humaine n'exige que des conditions biologiques propices. Mais elle ne revendique aucune condition esthétique particulière. Peu importe au fakir que son lit soit de clous. Si les premières sont remplies, elle s'épanouira. Elle triomphera aussi bien sur les décharges de Manille que dans un palais toscan. Avec la même foi dans la nécessité de son recommencement.

Kilomètre 58. La vie, comme le show, *must go on*. Malgré elle. Cette énergie presque nihiliste de l'existence fait naître contre les vents et les marées du destin des regards obstinés sur la face des femmes réfugiées. Obstinés à vivre. Elles ressemblent à ces graminées forçant leur passage vers la lumière dans les fissures craquelées des argiles de dessiccation. Malgré l'hostilité du désert, la plante veut sa part de ciel. La vie veut vivre. Coûte que coûte et le tableau de la vie se fout pas mal du cadre.

Kilomètre 59. Il existe donc une sorte d'énergie de l'énergie, une énergie physiologique qui n'œuvre qu'au renouvellement d'elle-même, maintient les organes en activité, veille à leur reproduction pour que ne s'éteigne pas la flamme allumée dans le souffle primal, il y a 15 milliards d'années.

Kilomètre 60. Contrôle de flics.

— Pourquoi vous ne prenez pas le bus ?
— Parce qu'il va trop vite.
— Et vous l'avez raté ?
— Non mais on ne voit rien quand on est dedans.
— Vous allez en Arménie ?
— Non.
— Pourtant votre pays aime l'Arménie.
— Oui, mais moi je vais en Géorgie.
— Bon voyage.

Les programmes sociaux de la British Petroleum et des compagnies qui ont financé la construction du Bakou-Tbilissi-Ceyhan[1] ne se limitent pas au secours des réfugiés. Les Anglais ont émis une règle salutaire pour satisfaire les espoirs nés

---

1. L'investissement pour la construction du BTC est de 4 milliards de dollars. L'ensemble des investissements de BP en Azerbaïdjan est de 17 milliards de dollars.

du passage du pipeline. L'aide au développement est déployée dans une bande de deux kilomètres de part et d'autre du tube. Hors de ce corridor de la générosité, point de salut. À l'intérieur du couloir : pompes à eau installées, écoles restaurées, cliniques équipées, conduites d'eau creusées, contrôles vétérinaires… La sélection s'opère selon un déterminisme géographique indiscutable.

— Autrement, c'est tout le pays qu'il aurait fallu aider. Nous ne sommes pas une œuvre de charité, disait un ingénieur à Bakou.

Malgré le soin que prend la compagnie anglaise à redistribuer quelques gouttes de profit, l'hostilité gronde. Sur le tracé du tube, des associations ont fleuri et pris les armes (juridiques) pour s'opposer au chantier. Que pouvaient des groupements de villageois devant l'avancée du tube ? Que pesaient les piques des croquants face aux pipelines des Majors ? Les combats furent étouffés dans l'œuf. Les plus ardents contempteurs comprirent que le tube charriait des bienfaits dans son sillage. L'une des raisons qui pousse la compagnie à subvenir au développement des villages est de prouver aux habitants l'intérêt qu'ils ont à accueillir le tube sous leur terre. Qu'ils s'approprient le tuyau, ils le défendront mieux.

Plus irrationnel que les réticences paysannes, le discours des intellectuels contre les compagnies pétrolières. À Bakou, je me souviens d'avoir patiemment écouté une jeune artiste stigmatiser les Majors. La perspective de la fuite de 80 millions de dollars quotidiens[1] dans le serpent d'acier, sous les pieds de paysans laborieux, hérissait son âme. Elmira F., plasticienne, m'exposa longuement ses vues dans son appartement bourgeois du centre-ville, téléphone portable à la main (quelle quantité de pétrole nécessaire à sa fabrication ?). La grosse bagnole dans laquelle elle était venue me chercher était rangée dans le garage (combien de litres de fuel brûlés par an ?). Mais elle parlait avec conviction.

— Les Majors, disait-elle, c'est le mal absolu. Le profit pétrolier entretient les inégalités sur la planète, maintient les peuples dans l'esclavage. Les compagnies sont responsables de la misère des pays dans lesquels elles prospèrent. Leur opulence ne provient pas de leur activité mais du pillage. Et le nouveau prolétariat de l'or noir privé d'espoirs se traîne sous les ciels réchauffés par les émissions de gaz à effet de serre.

J'avais envie que la conversation se prolonge parce que je me trouvais bien sous le climatiseur japonais. Je l'interrogeais sur les politiques d'investissement durable de la British Petroleum. Aucune grâce à ses yeux. Elle considérait les actions socia-

---

1. Chiffre théorique calculé sur la base du baril de brut à 80 dollars en été 2006 et de l'objectif de BP d'atteindre un remplissage de 1 million de barils/jour dans le BTC.

les britanniques comme des miettes jetées aux pauvres pour acheter leur silence, le cache-sexe de l'avidité, le paravent du cynisme.

Ces incantations tirent leur vigueur de trois origines. L'une s'appuie sur le caractère violateur du forage. Symboliquement, il est facile de voir le pétrolier comme un prédateur, frère de race de l'anophèle. Il suce le sang du monde. La colonne du derrick perce la croûte terrestre tel le poinçon du mâle de la punaise forant la carapace femelle pour lâcher sa giclure. Un été, sur les bords du lac Baïkal, un chaman de Sibérie me disait que la Terre devait souffrir de ces vrilles qui trouaient sa surface. Que dirions-nous de pareils outrages infligés à nos dermes ?

Le pétrole est noir, sale, inflammable, indélébile. Il incarne un matériau funeste : un résidu de transmutation au fond de l'athanor. Il brûle comme le sang de Satan. Il pue le soufre. Les alchimistes des grandes compagnies auraient enfin accompli le fantasme des ordres hermétiques. Au lieu de changer le plomb en or, ils transforment le brut en dollars. Tout ce qui vient de cette pâte honteuse ne peut-être que mauvais. Les guerres, les tensions, les corruptions qu'il suscite sont les preuves de l'énergie obscure qu'il dégage.

Les pipelines, eux-mêmes, indignent les esprits généreux. Les tubes sont considérés comme l'instrument de la spoliation, installés par les sociétés étrangères pour organiser l'évasion d'un trésor dont le bénéfice devrait revenir au peuple sous les pieds duquel on l'a découvert. Les victimes du pillage n'en verront la couleur que lorsque le linceul des marées noires recouvrira les cormorans. Pour le reste, le brut leur passera sous le nez, sous les pieds, au-dessus de la tête.

Que les traités imposent aux compagnies de reverser de considérables bénéfices au pays propriétaire des gisements ne faisait pas ciller Elmira. Que l'Azerbaïdjan tire avantage de l'ouverture du gisement caspien et que la prospérité industrielle finisse dans un effet d'averse par retomber sur la population n'entamait pas sa conviction. Le brut c'était le mal et les Majors, le diable.

Elle me demanda si j'étais d'accord. Elle voulait à tout prix que je le fusse. La réussite du dîner en dépendait. Elle m'écouta lui dire mon admiration pour les prouesses des pétroliers. Ma foi en la technique. Je lui expliquai que j'avais horreur des discours indignés et ne croyais qu'à l'alignement des actions sur les idées. On ne critique pas l'exploitation du brut quand on vit sous les climatiseurs, au volant des voitures et l'oreille au téléphone. Je suis incapable d'exposer en public une opinion généreuse. Je répugne aux déclarations de bonnes intentions. Je prends même plaisir à me rendre odieux en paroles car je ne crois qu'à la vertu dispensée discrètement, dans le secret des actes et le silence des pensées. Elmira me prit pour un salaud. Mais j'avais ma conscience avec moi, pas de téléphone portable et une simple bicyclette pour reprendre la route !

Au-delà de Sangachal, je m'engage sur une petite piste qui contourne le site protégé par des barbelés et surveillé par des patrouilles de sécurité. La route franchit une légère boursouflure du terrain : le Bakou-Tbilissi-Ceyhan est enterré là, à un mètre de la surface du sol. Un panonceau orange est fiché dans la terre : « Warning. Pipeline. High Pressure ! ». Comme à chaque départ, je tente de m'imprégner du génie du lieu. Il y a du vent dans les saxaouls. Les nuages sont bas et le pic des reliefs en laboure le socle. Le vent ne s'est pas calmé. Une vache noire racle les herbes rases. Sous mes pieds, la pâte fossile coule à deux mètres par seconde. Je me trouve sur la tête du pipeline qui va me servir de guide encore deux mois durant. Mon fil d'Ariane entre Caspienne et Méditerranée. Kilomètre après kilomètre, à vélo, à pied, puisant en moi-même l'énergie d'avancer, maintenant la pression de ma détermination, je le suivrai, traquant les signes de son passage dans la topographie caucasienne et anatolienne. J'enregistrerai ce que les habitants des lieux qu'il traverse m'en diront. J'écouterai mon propre corps, impatient de savoir si mes réserves intérieures ne tariront point.

Quelques kilomètres plus loin, le pipeline bifurque vers l'ouest. Il s'enfile dans l'axe de la rivière Kür, longe la route et la voie ferrée. Le soleil se couche dans le berceau de la vallée que la tectonique a façonné pour accueillir sa chute. Je m'engage dans le *corridor de l'énergie*. Je roule pendant une semaine en Azerbaïdjan[1].

Souvent, le soir, je campe dans les bosquets qui encadrent les champs irrigués par les eaux de la Kür. La chaleur anesthésie toute forme de vie à la surface du pays. Il n'y a que les pierres qui semblent ne pas souffrir. J'attends la promesse de l'aube, sa fraîcheur, comme un assoiffé. À six heures, le soleil emplit déjà le jour. Dans quel bouge passe-t-il la nuit pour revenir ensanglanté chaque matin ? À huit heures il fait une chaleur de forge. À dix, je m'écroule sous la première ombre. Puis, par sauts de puce, d'ombrages en ombrages, j'avance jusqu'au soir, comme ces insectes rampant dans les recoins, chassés par la clarté. L'air ne refroidit jamais. Malgré tout, j'arrache plus de cent kilomètres à chacune de ces journées de braises.

Au fond de mes sacoches : *La Dame aux camélias*. C'est le seul livre en français que j'ai trouvé dans les librairies de Bakou. La passion dévore Marguerite Gautier, et peu à peu, comme le soleil azéri, la vide de toute énergie. Elle s'éteint. Chaque jour, je m'arrête quelques minutes à l'ombre d'un peuplier, sur le banc d'une *chaïkhana* ou sous la jupe d'un saule pour lire deux ou trois pages. Un soir, près d'un étang où pêchent les échassiers, je

---

1. Voir carte n° 8.

tombe sur cette phrase que j'apprends par cœur :
« Il faut que nous ayons bien fait du mal avant de naître, ou que nous devions jouir d'un bien grand bonheur après notre mort, pour que Dieu permette que cette vie ait toutes les tortures de l'expiation et toutes les douleurs de l'épreuve. »

Les Azéris ne supportent pas mieux que moi la chaleur. Des hommes sont alanguis dans les *chaïkhanas* du bord des routes. Des bergers font la sieste au pied des saules. Même les bêtes attendent, pantelantes, la fin de la cuisson atmosphérique. Assommés, les chevaux halètent au creux des fossés. J'envie le système à sang-froid des phalènes et des carabes sur le tronc des peupliers. Cet été, le *corridor énergétique* semble déserté de toute énergie. Seules les femmes se dépensent sans compter dans le silence de leurs maisons. Comme partout sur Terre, elles prodiguent leur énergie, pour que tourne le monde.

Le *pipe* sinue. Il traverse la route, remonte vers le nord, redescend au sud, ondule dans un couloir d'une dizaine de kilomètres de large borné par les versants pelés de la vallée. Des convois ferroviaires emportent vers le couchant des wagons de brut aux tôles sales, éclaboussées de naphte. Le pétrole sera chargé dans le port de Supsa à bord de tankers qui cingleront vers le Bosphore. Grâce au Bakou-Tbilissi-Ceyhan, leur valse dangereuse au pied de Topkapi et sous le pont d'Ataturk va se calmer. Dans les villages, on me parle du tube. Sa construction fut un événement. Il marquera les mémoires.

Passent les petits villages agricoles. L'accueil qu'on me réserve varie de l'un à l'autre. Un village est l'agrégat des tempéraments de chaque habitant. Il finit par posséder sa nature propre. À Ucar on me fête. À Müsüslü on me rejette. Dans Sigirli, éclate la joie de vivre. À Borsunlu, c'est la mélancolie. Un village est une personne morale avec ses humeurs, ses fièvres.

Quatre jours après mon départ de Bakou, la vallée de la Kür s'élargit. J'atteins le district de Shamkir. Le soleil se couche sur un paysage de chaume comme s'il avait choisi de passer la nuit dans le foin. Un berger rentre ses brebis dans les blés fauchés, scène biblique. Un village (Sistepe) se love au pied d'un coteau viticole et bleuté, tableau d'Europe (école hollandaise, XVIIe). Une vieille à fichu, babouches en plastique et bec de rapace, trotte sur son âne qu'elle maltraite du bâton, vision d'Islam. Sur le bord de la route, une *chaïkhana* accueille des buveurs de thé joyeux, morceau d'Asie.

Dans le village de Kurdamir je ressens ce que les Tziganes éprouvent lorsqu'ils entrent dans un village qui sue l'hostilité par toutes les portes de sa peau. Dans sa vie, il faut avoir accompli une fois la traversée d'une grand-rue boueuse, chiens bâtards aux basques, dans les rafales de vent, et avoir entendu le claquement des portails sur son passage et entrevu entre les tôles le regard glacial des femelles paysannes qui rapatrient la marmaille sur le seuil, de peur que vous ne la dévoriez... À la sortie, je reçois une pierre sur la nuque. Je bondis de ma selle, et poursuis deux enfants à travers un champ de maïs. L'un m'échappe, je rattrape l'autre. Il tombe dans la boue. Épouvanté, il m'implore, hurlant trois mots de russe. Je me compose une mine effrayante mais éclate de rire aussitôt et tourne les talons. Je ne suis pas fait pour éduquer les mioches.

Le soir, pour rattraper ces heures offertes à l'effort, j'écris pendant une ou deux heures dans mon cahier. L'écriture contrairement au raffinage du brut consiste à réduire de la matière au lieu de la libérer. Écrire c'est condenser la vie et la compresser entre les couches du papier. J'ai souvent l'angoisse de la page blanche : aurai-je assez de papier pour décrire tout ce que je vois ?

La discrétion garantit la survie d'un pipeline dans une région à haut risque[1]. En Azerbaïdjan, le BTC est invisible sur la totalité de son parcours. Les opérateurs ont agi comme pour un raid commando : installation du tube, recouvrement de la terre sur la tranchée, replantation des végétaux, effacement de toute trace de passage, retrait des troupes. En trois ans, le gros œuvre était accompli. L'oléoduc est surveillé par des gardes désarmés qui

---

1. L'ambition de BP est que le tracé du BTC soit replanté à 75 % un an après l'installation.

vadrouillent à cheval le long du tracé. Pas de démonstration de force. Pas de patrouilles paramilitaires. Pas de signes de présence étrangère. Quelques hélicoptères, l'œil des satellites et des stations de contrôle établies tous les vingt kilomètres se chargent de la sécurisation. Dans la splendeur des soirées azéries, j'assiste aux allées et venues des gardes montés. Ils portent des tenues orange réglementaires, des casques de chantier estampillés BP ou BTC mais montent sur des selles à décoration traditionnelles et fouettent la croupe de leurs kabardines avec des cravaches turques au manche vernissé. L'énergie chevaline (la plus fidèle, la plus noble, la plus anciennement maîtrisée) est convoquée pour veiller au bon défilement des huiles à haute pression, dans les artères de la modernité. Parfois un berger fait paître son troupeau sur les herbes sèches de la tranchée du tube.

Au sud de la ville de Ganjä, je fais un détour pour traverser le village de Xanlar. Boucle de quinze kilomètres, considérable pour un cycliste avare d'efforts. Le village abrita une colonie allemande jusqu'en 1991. Beaucoup de familles du Bade-Wurtemberg, ruinées par les allers et retours napoléoniens, s'exilèrent dans les années 1816 jusque dans le sud de l'Empire russe, attirées par les primes de peuplement du tsar Alexandre. Déjà les Russes œuvraient à la subjugation de leurs marches australes. Les pionniers teutons — paysans protestants pour la plupart — s'installèrent en

Ukraine, sur les flancs nord du Caucase ou sur les bords de la Volga. À leur arrivée, ils recevaient un cheval, quelques centaines de roubles et un fardeau écrasant de labeur. Beaucoup moururent en route. D'autres sur place. Les plus braves poussèrent jusque dans les plaines de l'actuel Azerbaïdjan. À Elisabethpol, sur les bords de la Kür, ils fondèrent une colonie qui devint Helenendorf puis Xanlar. Mais en 1941, Staline, inquiet qu'ils fraternisent avec les troupes de la Wehrmacht, déporta les Allemands de Russie. Puisque Hitler convoitait le pétrole caspien et louchait sur Bakou on redoutait dans les états-majors de Moscou que les *panzers* ne se ruassent sur l'Azerbaïdjan. La colonie allemande de Xanlar n'échappa point aux rafles préventives. Les villageois croupirent dans l'oubliette du Turkestan. En 1966, quelques survivants de la déportation revinrent à Xanlar et recommencèrent une vie sous le soleil azéri. Trente ans plus tard, après l'écroulement de l'Empire soviétique, tous quittèrent les lieux vers l'Allemagne réunifiée. Sauf un : Viktor, vieillard de quatre-vingt-dix ans, à la porte de qui je frappe en vain depuis deux heures.

— Ne vous fatiguez pas, il est alcoolique, il cuve jusqu'à midi. Il ne vous ouvrira pas, me dit un passant.

J'ai les doigts meurtris. J'erre dans le village. Dans l'église désaffectée (les communistes y jouaient au volley-ball), quelques photos mangées d'humidité constituent le fonds du *Musée* de Xanlar. Mais les maisons peintes en rose et vert, les treilles lourdes de raisins, les balcons de bois et les toits de tuiles racontent mieux l'histoire du village oublié. Aujourd'hui, les Azéris ont investi les lieux, tiennent marché sur le pas des portes et écrivent un nouveau chapitre de l'histoire de Xanlar, celui de l'époque musulmane.

Trois vieux paysans me font une petite place sur leur banc. J'explique que je veux m'asseoir cinq minutes avant de reprendre la route parce que je suis fatigué. La vérité est que j'aime ce village peuplé de fantômes allemands. Les vieux me parlent russe. Ils regrettent l'époque de Brejnev. Patiemment je les écoute débiter la rengaine de la nostalgie crachée par la petite boîte à musique enrayée de leur cerveau.

La nostalgie est une paresse. Elle autorise à ne pas traquer dans l'époque les raisons de se réjouir. Elle permet de se contenter d'effeuiller les pages des grimoires au lieu d'écrire les propres lignes du temps présent. La nostalgie, fauteuil spongieux qui vous engloutit par le cul, comme si on s'asseyait dans une mangrove. Il est plus facile de cueillir des souvenirs dans le panier du passé que de ramasser les champignons du présent poussés à ses pieds. La nostalgie est un agent désénergétisant. Une suceuse.

Au Kazakhstan, ivre, je traversai des steppes. À l'ouest de Ganjä, sobre, je traverse des champs de vignes. Comme un ressort, j'ai quitté les vieillards de Ganjä, sans un regard, sans un merci pour le thé servi ni un adieu pour le temps passé, écœuré par la nostalgie de leurs âmes mortes.

La certitude instinctive qu'on n'est pas voué à une longue vie fouette la volonté de vivre. Ceux qui préfèrent tracer dans le ciel un sillage de comète plutôt que dans le sol un labour de charrue vivent à un haut degré énergétique. Ils jettent le charbon de l'action jusque ras la gueule de leurs fourneaux internes. On appelle cette fièvre la fureur de vivre. Les héros foudroyés dans leur jeune existence ont vécu une vie dont ils n'auraient pu tenir le rythme longtemps. Ni Dean, ni Lawrence, ni Brooke, ni l'ange du surf Marco Siffredi, disparu sur les flancs de l'Everest sans laisser de traces, ne sont héros parce que morts fauchés. Mais ils ont vécu une vie qui ne pouvait se conclure autrement que d'un coup de faux. Passé un certain cap, on sait qu'on a raté sa mort. Il importe alors de conserver la vie, et de l'entretenir au lieu de la brûler. Les administrations publiques des pays développés brandissent les chiffres des fortes espérances de vie comme des preuves de progrès et de prospérité. Un jeune Sarmate des temps indo-aryens, lui, grandissait dans l'idée qu'il ne passerait pas trente ans. Dans l'intervalle il lui fallait connaître la guerre, l'amour, la razzia, la paternité et la gloire de la mort dans un galop furieux. Trop parier sur sa survie, c'est rêver sa vie durant à un joli banc de bois, verni par le frottement des pantalons et sur lequel, comme les vieillards de Xanlar, on tuera le peu de temps qui reste en remâchant le souvenir du temps qu'on a perdu à rêver à celui qui allait venir.

Sur la route, avant la frontière géorgienne, un horrible accident de voiture. Des corps comme des pétales sur le goudron chaud. Phénomène étrange : il y a ici un rapport proportionnel entre l'oisiveté de la vie de certains et la précipitation qu'ils déploient sur la route pour se rendre d'un endroit où il ne se passait pas grand-chose à un endroit où il ne se passera rien. Les flics arrivent dans une Lada vert pomme. Des chiens rôdent déjà derrière les arbres du fossé pour laper les flaques. Je pense aux téléphones qui vont sonner bientôt dans des maisons fraîches et silencieuses.

La route est en construction. Parfois, une section de goudron neuf, encore fumant, interdite à la circulation, barrée par des blocs de béton. Les contremaîtres m'invitent à étrenner l'asphalte. Quelques kilomètres de repos pour mon cul, mâché par les cahots.

— Vous venez d'où ? me crie-t-on.

— De France, dis-je, sans m'arrêter.

— Vous êtes le premier Français et le premier cycliste et même le premier à rouler sur ce kilomètre !

On a les honneurs qu'on peut.

Dans les villages, les maisons sont couvertes de paraboles satellites. On dirait des pustules. On met une parabole devant sa fenêtre. La lumière n'entre plus. On croit qu'on s'est ouvert au monde. On se prive de la clarté du jour.

J'ai sous les yeux, défilant à la vitesse de mon effort, le spectacle de la modernité pénétrant le vieux monde. Je vois en temps réel les ramifications du progrès se glisser entre les socles des permanences, comme ces langues de lave volcaniques que sépare en fourches grasses l'étrave des bastions hercyniens. Stations-service appuyées contre des petits villages. Goudron neuf entre deux sections de poussières. Mercedes rangées près des carrioles à ânes. Peu à peu, goutte à goutte, l'averse redistributive des profits pétroliers tombe au fond des campagnes. Je déplore la marche du progrès car elle insulte mon désir romantique d'un monde esthétique reposant à l'ombre douce des traditions. Je m'en félicite parce qu'elle épargne aux hommes de peine que sont les femmes quelques travaux forcés.

Le dernier jour, avant que je n'atteigne la frontière géorgienne, le vent tourne à l'est et forcit. J'ai dans le dos des rafales à 60 à l'heure. J'avale cent cinquante kilomètres dans l'exaltation. Je ne veux pas descendre de mon vélo de peur que le vent ne s'arrête. Je suis pris de frénésie. J'abats les kilomètres comme un bûcheron fou dont même Ronsard n'aurait pu arrêter le bras. Je me tiens le haut du corps immobile, les yeux mi-clos, sans penser à rien. Mes jambes moulinent. Le temps s'arrête, je ne suis pas en mouvement : je suis devenu mouvement. Le Tao chinois ne professe rien d'autre. Dériver lentement, ne pas aller contre le monde, ne pas remonter le temps, être avec la feuille flottant sur les eaux plutôt qu'avec le roc fendant les flots de la rivière, être dans le vent, devenir le vent. Se laisser porter dans le flux de la vie pour que s'éloignent de soi les rivages de la mort.

Des pilotis de bois se dressent au bord des champs. Au sommet, des hommes somnolent. Ils sont employés à garder les cultures. Métier suprême ! Regarder pousser les plantes ! Veiller à la bonne marche de la vie végétale. Assister au spectacle de la photosynthèse, couché sur un matelas, dans le vent de la plaine à l'ombre d'une treille de roseaux frais, cependant qu'au pied des ajoncs, invisible et silencieuse, la pâte du brut poursuit pour quarante ans sa course molle.

VIII
Caucase géorgien

À la frontière azérie, le flic me dit :
— Tu n'es pas arménien quand même ?
À la frontière géorgienne :
— Tu es chrétien, au moins ?

Le Caucase : des questions simples et, en cas de mauvaises réponses, une guerre. La Géorgie peuplée d'à peine cinq millions d'habitants est sortie du giron soviétique en 1991, prenant le chemin de l'indépendance en même temps que les quinze autres républiques. Mais l'ombre portée de la Russie couvre encore le petit État transcaucasien.

En Géorgie on se saoule à mourir. Même les automobilistes boivent. Les routes sont encore plus défoncées. Je savais tout cela pour être venu ici il y a quinze ans mais l'avais oublié. Les souvenirs ne servent à rien parce qu'on pense toujours que les choses s'améliorent en son absence et on a plus volontiers recours à l'espérance que confiance en l'expérience.

À Kultari dans la ferme de Youri et Nino, dominant le talus alluvial où les faucheurs ont aligné les meules, je regarde la lumière du soir transformer la Kür en rivière aurifère. Youri ouvre un *cruchon* de vin de Kakhétie.

— Le meilleur du pays ! dit-il.

Une fois le cruchon vide, Youri me dit : « Tu es notre fils » et en ouvre un deuxième. Puis vient la bière glacée. Nino apporte une vodka géorgienne et me répète « Tu es notre fils » en servant la vodka. Eux sont des bourreaux d'enfants.

Tbilissi ressemble aux villes des livres d'Ivo Andric ou d'Ismail Kadaré. Chaque époque a saupoudré la cité de ses marques. Toutes s'amoncellent sans qu'aucune n'ait disposé d'assez de temps pour imposer un ton dominant. L'agrégat d'architecture est traversé d'effluves turcs. Mais patchoulis et relents de mouton cuit ne sont pas suffisamment tenaces pour cacher l'odeur d'Occident. Du haut des croisées dans les façades d'immeubles décrépits, on entend tomber des gammes de pianistes et des vocalises, il y a des chats sur les pavés des rues en pente, des maisons à balcons vermoulus, une rivière encadrée de falaises et des hommes avec des moustaches épaisses qui sortent des églises à clochers coniques en se signant fébrilement. La capitale est un morceau détaché du récif européen et qui aurait dérivé avant d'échouer sur un rivage léché par les houles ottomanes. Tbilissi est un village boisé devenu la capitale d'un royaume féodal.

Les Géorgiens partagent avec les Serbes le sentiment de peupler un château en verrou — en *front-post*, diraient les Russes — sur la vallée qui donnerait accès à l'Europe chrétienne. Le pays se croit une île dans un océan turc. On y cultive la fierté d'avoir résisté à l'envahisseur musulman en brandissant deux symboles : la foi et le vin. Sainte Nino, patronne du pays, a montré l'exemple. Elle réconcilia la croix et la vigne au IVe siècle, lorsque saisissant des sarments sauvages sur le sommet d'une montagne, elle les noua avec ses cheveux en une croix qu'elle ficha dans le sol. La Géorgie s'éloignait du paganisme et devenait le deuxième royaume chrétien du monde.

Aujourd'hui, les filles portent presque toutes un Christ au cou. Le pied de la croix disparaît dans la naissance du sillon poitrinaire (est-ce ainsi que l'on désigne en langage scientifique l'échancrure des seins ?). Le Seigneur est aux plus belles loges du royaume terrestre.

Outre les colossaux octrois de passage versés par la compagnie du BTC[1], le pipeline a permis à Tbilissi de renforcer son autorité et même parfois de la manifester pour la première fois dans les seigneuries du pays qui échappaient à son contrôle.

---

1. 60 millions de dollars par an pour 249 kilomètres de tube sur le territoire géorgien.

La où sinue le tube, le droit reprend racine. Le pipeline a rempli les mêmes fonctions que les routes de Colbert dans les forêts ducales : faire circuler la richesse et affirmer le pouvoir. La Géorgie a profité de l'ouverture du Bakou-Tbilissi-Ceyhan pour se détourner de l'emprise russe et se jeter à genoux au pied de Bruxelles. Aujourd'hui, Tbilissi rêve de la nouvelle Union (européenne) afin d'échapper au souvenir de l'ancienne (soviétique). Le président Saakachvili croit à un avenir commun de son pays avec le camp de l'Ouest.

Je me plais dans la capitale. Le soir, je regarde les Géorgiens en transe dans les boîtes de nuit de l'avenue Rustavéli. La première fois, le vigile ne veut pas me laisser entrer à cause de mon allure mais je dispose d'une arme secrète pliée en quatre : un article que vient de publier sur moi *La Géorgie libre*. Le type lit le papier.

— C'est toi ?
— Oui, dis-je.
— Où est le vélo ? dit-il.
— À l'hôtel.
— Tu n'as pas beaucoup d'habits dans tes bagages, forcément.
— Forcément.
— Entre.

Les boîtes de nuit sont des endroits utiles à ma quête. Elles ont valeur d'accélérateur énergétique. L'impératif de séduction crée une cascade de phénomènes physio-biologiques — suée, bombardement de phéromones — qui excitent les organismes. Sur la piste, monte une agitation animale, encouragée par les stimulations sonores et lumineuses. L'alcool fouette les transes de son knout. La danse a des allures de libération énergétique. Il ne s'agit que de tressautements éphémères, d'excitations endiablées qui durent le temps d'une d'ivresse. Des souris de laboratoires répondant à des impulsions ou des cadavres secoués par électrochocs siéent assez bien à la comparaison avec les princes de la nuit. La boule disco n'est pas le soleil. Rien à voir dans la frénésie rock n'roll avec les lames de fond qui soulèvent en nous les mécanismes de la vraie Force.

Le centre culturel de Tbilissi, rue Zubalashvilebi porte le nom d'Alexandre Dumas. Ce géant conservait assez d'énergie vitale pour mener une vie aussi romanesque que celle de ses héros. Combien d'écrivains se *désélectrisent* en transférant leur vitalité à leurs pages ? Dumas voyagea dans le Caucase à l'automne 1858. Le Caucase convient bien aux ogres. Dumas y trouva sa mesure : des vallées assez vastes pour son rire, des hommes assez solides pour trinquer avec lui. La vitalité fut son moyen de transport. Dans son récit, *Voyage au Caucase*, il raconte avoir écumé les villages, traqué le bandit tchétchène, cavalcadé dans l'hiver géorgien, reçu l'accueil que méritait sa gloire. La réputation de l'écrivain atteignait les replis les plus reculés du massif !

Longues journées dans la bibliothèque du centre. Jules Renard écrit dans son journal à la date du 1er janvier 1895 qu'à « faire de la bicyclette jusqu'au dégoût, le travail cérébral paraît ensuite une sorte de salut ». J'arrive tôt le matin, lis jusqu'à la fermeture. Le soir je marche dans la ville, la nuit je tourne saoul dans la boîte où mon copain le cerbère me laisse entrer à présent avec un grand sourire. Utilité de la presse.

Au cours de mes voyages, les livres me manquent. Au hasard des étapes, ma route croise celle d'un ouvrage, oublié par un précédent voyageur ou soldé dans une boutique. Le souvenir de la lecture se surimpose alors à l'esprit du lieu, ne s'en dissocie plus. Je me souviens de *L'Adieu aux armes* au Cachemire, des *Racines du ciel* sur le Mékong, de *La Sorcière* dans le pays de Vaux, du *Club du suicide* en Afghanistan, des *Sept Piliers de la sagesse* sur les bords du Gange et des *Possédés* sur les rives du Baïkal...

Les livres sont des barils de brut. En eux, dort la pensée. Elle est contenue entre les feuilles comme les hydrocarbures entre les strates. Pour se libérer, la force des mots attend le raffinage de la lecture.

J'aime les écrivains reliés à la dimension cosmique du monde, avec la voûte du ciel pour buvard.

Ceux-là n'ont pas lu tous les livres. Ils se sont contentés de celui de la Nature et en sont devenus les copistes. Ils ont battu les chemins, forgeant une pensée vagabonde à la croisée des vents. Ils ont déployé leurs ailes avant de vivre de leur plume. Russes, Américains et Nordiques ont beaucoup fourni les rangs de cette race d'écrivains qui préfèrent le sous-bois au cabinet de lecture. Je n'admire rien davantage qu'un écrivain sachant faire autre chose qu'écrire. Knut Hamsun fut cantonnier, Mark Twain pilote de bateaux à aubes. Aldo Leopold chassa autant qu'il écrivit, Walt Whitman mania le rabot du menuisier. Aucun de ceux-là, trop occupés à chanter le monde, n'a fourvoyé son inspiration dans le désert desséchant de la célébration de soi-même.

Au centre culturel, je mets en ordre les notions que j'ai forées dans le gisement des livres sur la signification d'*énergie*. L'entreprise est simple : expédier en trois pages sur mon cahier de papier de riz, deux mille cinq cents ans d'arguties, de disputes et de réflexions sur ce concept mystérieux !

NOTES SUR L'ÉNERGIE

Le mot grec *energia* désigne la force mise en acte. Le verbe *energein* signifie « produire une action ». Le mot *dunamis* renvoie à l'idée de la force en puissance. Voilà pour la Grèce antique.

Les physiciens eux possèdent de l'énergie une notion très précise qui rejoint la définition d'Aristote. Ils reconnaissent dans l'*énergie* la capacité de certains systèmes à fournir un *travail* mécanique, une action utile. Une quantité de chaleur mise en mouvement d'un corps à un autre peut provoquer une telle action : cette observation est le principe fondateur de la théorie thermodynamique. « La chaleur n'est autre que la puissance motrice, ou plutôt que le mouvement, qui a changé de forme », écrit S. Carnot en 1824. L'énergie produite par un corps sera proportionnelle à sa masse.

Le succès des philosophies orientales en Occident a assis l'idée de la circulation d'un principe de vie dans notre être de chair. Ce fluide autonome, léger comme un ectoplasme, dispenserait en nous son magnétisme. Vu d'Asie, le terme d'*énergie* désignerait cette force holistique, principe de vie flottant entre le corps et l'âme. Les traditions prétendent maîtriser les ondulations de ce courant intérieur. Les *chakras*, le *shi*, l'équilibre du *Yin* et du *Yang*, les forces méridiennes sont les précieuses porcelaines d'un magasin mystique ouvert à tous mais que personne ne range jamais. Dans ce cabinet de curiosités, chacun retrouve son compte sans que la définition d'énergie y gagne beaucoup en précision.

Le mot *énergie* connaît un grand succès aujourd'hui. Le succès fait tourner la tête des gens et dégrade le sens des mots. Le discours commun a confondu les sens. On placera sous la même bannière d'« énergie » la force qui se dégage de nos actions et la force qui dort en nous avant sa libération. Dans le flot de la conversation, on utilisera indistinctement le terme d'énergie pour définir la puissance d'action d'un être (l'énergie monstrueuse de Hugo écrivant deux cents vers, avalant cent huîtres et baisant quatre femmes dans l'après-midi), pour témoigner de la capacité psychologique à accomplir un effort (Proust trouve l'énergie d'écrire en plus que de tousser), pour décrire les ressources naturelles recélant une force potentielle (le soleil, le pétrole et le gaz) ou pour parler confusément des bienfaits magnétiques que dégageraient un lieu, un être ou un élément (l'énergie dégagée par l'océan, le sommet de l'Acropole ou le regard de Gurdjieff).

La définition aristotélicienne est pourtant fondatrice et sans équivoque. Le philosophe grec peint l'énergie comme le passage de la puissance à l'acte. L'aiguillon qui stimule la force et qui la libère en action est la volonté. Descartes utilise la belle image du cheval qui serait notre corps conduit par un cocher qui serait notre âme. Notre âme mènerait le cheval « sans qu'aucune force déterminante ne nous y contraigne ». Certes, l'être ne sera jamais l'initiateur de la volonté d'agir (de même que l'âme ne crée pas le cheval qu'elle guide à la bride) mais au moins pourra-t-il en être le maître. Grâce au moteur de cette volonté, l'être ferait tendre ses actions vers une fin, un objectif essentiel.

Éternel débat à ce propos. Le but ultime, la résolution de toute vie, l'aspiration de nos efforts serait l'accomplissement de nos désirs selon Spinoza[1], la poursuite du bonheur selon saint Thomas d'Aquin. Balayant du revers les théories qui fondent des raisons de vivre, Schopenhauer, lui, prétend que l'appétit d'exister ne se nourrit que de lui-même. Un

---

1. Aristote parle de la « faculté de désirer » de l'âme.

homme, un organisme, une particule, ne demanderait jamais rien d'autre « qu'un surplus de force ». Nietzsche chien philosophique dans le jeu de quilles des certitudes annonce que le but n'est ni le bonheur, ni le rassasiement de nos désirs mais le dépassement de soi, la création de son propre devenir, et que le bonheur viendra du sentiment d'avoir libéré sans timidité sa *volonté de puissance* : « cette volonté de puissance la plus intellectuelle de toutes, la volonté de créer le monde ».

Mais que ces desseins soient élevés (le bonheur, le désir, la puissance) ou vils (la volonté aveugle de vivre), lumineux ou nihilistes, ils ne peuvent s'accomplir que si une chaîne d'actions conduit l'être jusqu'à eux. L'énergie serait ainsi le chemin séparant la force en puissance d'un homme et l'accomplissement de son dessein vital.

L'énergie serait ce processus, puisant dans la force intérieure de quoi entraîner, sous l'aiguillon de la volonté, une série d'actions tendant vers l'accomplissement des désirs.

L'énergie s'inscrit dans une séquence, dans un déroulé chronologique. Au départ, la Force. À la fin, l'assouvissement, le bonheur ou toute autre raison de vivre. Entre les deux, la cascade d'actions volontaires.

Ce découpage des mécanismes énergétiques évoque l'exploitation du pétrole. Au commencement, un gisement de houille (une force en puissance), puis le forage et le raffinement en essence (la libération des forces) afin de répondre à nos besoins (se nourrir, se chauffer).

Au plus profond de nous : la force puis l'action, l'accomplissement des désirs.

Sous terre : la force puis la libération, l'assouvissement des besoins.

Que vienne à faiblir l'un des maillons de cette séquence et le processus énergétique ne s'accomplira pas. Si la force existe sans que ne se trouve une raison de la mettre en œuvre, jamais la chaîne d'actions ne se déclenchera. Si la volonté s'émousse, l'action ne tendra pas vers son but. Qu'on enlève un linteau, la voussure s'écroule.

L'énergie a un prix. Les physiciens ont inventé le terme d'entropie pour signifier ce qu'il en coûte à un système de transmettre son énergie vers un autre corps. La déperdition de puissance s'appelle l'entropie. Le gâchis est irréversible. Jamais le rayon du soleil chauffant le grain de blé que dévore un oiseau ne transférera le même montant calorifique entre l'astre et l'épi puis entre l'épi et le système vital de l'animal. L'usure de l'information initiale mène le monde à sa perte, par vieillissement. Les Grecs croyaient l'univers immortel. En réalité l'entropie le conduit vers la mort comme le temps nous réduira en poussière. L'entropie est la caution à payer pour libérer l'énergie.

Bergson ne croit pas que notre énergie intérieure soit menacée d'épuisement. La puissance spirituelle aurait une supériorité sur les énergies naturelles. « L'esprit est une force qui peut tirer d'elle-même plus qu'elle ne contient, rendre plus qu'elle ne reçoit, donner plus qu'elle n'a. » L'énergie spirituelle est un soleil qui ne se tarira pas. Une source énergétique sans entropie. Le philosophe pense que l'esprit tire sa force de son inscription dans la durée. « La vie s'emploie à conserver le passé et à anticiper sur l'avenir. Plus grande est la portion du passé qui tient dans son présent, plus lourde est la masse qu'il pousse dans l'avenir pour presser contre les éventualités : son action se décoche avec d'autant plus de force en avant que sa représentation était tendue vers l'arrière. »

Pour me récompenser de ces efforts, je vais boire une vodka dans une guinguette de la rive gauche de la Kür. Me souvenant qu'en physique F = my, c'est-à-dire que la Force est le produit de la Masse (m) par l'Accélération (y), j'avale 250 grammes de *Chevarnadze* à 45°, et saute sur mon vélo pour reprendre, à 16 à l'heure ma route le long du fil d'Ariane.

Est-ce parce qu'ils ont du goût que les ingénieurs géorgiens ont fait passer leur pipeline dans les collines boisées de la région de Samtskhe-Javakheti[1] ? Il traverse des forêts profondes, féodales, peuplées de sangliers, de cerfs, d'ours et de loups. Le tube coule d'alpages en clairières. Il chevauche les croupes. Les cartes de topographie trouvées à Tbilissi me permettent de naviguer au plus près, sur des chemins forestiers. Quelque chose dans le paysage trahit le fait qu'on se trouve en ex-URSS : il y a toujours dans la splendeur des lieux le furoncle d'une industrie, d'un bâtiment en ruine.

1. Voir carte n° 9.

La lame de la steppe a raboté mes forces en petits copeaux mais je me revigore dans la clarté des futaies. Je suis un être sylvestre. Il me suffit de l'odeur des mousses pour que le sang m'irrigue. C'est l'été dans les bois et le printemps en moi.

Je me livre à un exercice instructif : tenter de regarder une forêt avec l'œil du cavalier nomade. Imaginer le Hun, le Sarmate, le Mongol, à cheval devant la muraille d'une orée forestière. Le sous-bois sombre, la laie humide leur apparaissent comme des parages dangereux. Leurs groins décèlent l'odeur de la mort dans les effluves d'humus. Ils prennent les brouillards mauves des sources pour une haleine maléfique. La fente de leurs yeux bridés faite pour accueillir la rectitude des horizons est blessée par la verticalité des arbres. L'idée leur est insupportable que le lointain puisse être caché. Une forêt là où il pourrait y avoir un alpage : leur esprit s'insurge contre ce gâchis ! Le feu, la hache, le sabot et la dent des bêtes remettront heureusement bon ordre à tout cela. L'armée passera : la pustza remplacera le taillis, le troupeau, la harde des cervidés. Quand un nomade regarde une forêt, elle est à terre. Déjà les fées se sauvent pour laisser passer le loup.

Je préfère jeter en offrande à mes bois retrouvés ce mot de Jünger[1] : « Toucher du bois : une superstition ? Allons donc, on sait bien que les dieux habi-

---

1. *Soixante-dix s'efface*, tome V, Gallimard.

tent dans les arbres ! » Dans la forêt de Tétri-Skaro, je bivouaque la tête entre les racines d'un chêne pubescent. J'ai un bouquet de violettes dans le nez. Contrairement à ce que je rêve cette nuit-là, les arbres ne sont pas des jupes de femmes sous lesquelles le vagabond se réfugierait pour la nuit. Pas des jupes mais des geysers. Leurs racines percent l'horizon des sols et pompent dans la soupe organique de quoi alimenter la sève. Ce fuel pulse dans leur colonne de fibre — tout enserrée d'écorce pour contenir la pression — et jaillit dans les frondaisons, nourrissant les feuilles afin qu'elles déploient leur surface, captent les photons solaires, les transforment dans l'usine de leurs cellules et réinjectent l'oxygène dans le système général. Les arbres sont des centrales d'énergie en explosion permanente. Mais la déflagration se déroule dans une dimension temporelle ralentie — tellement lente que nos yeux impatients ne la discernent pas. Les houppiers ronds des chênes, épanouis dans le ciel forestier, ne ressemblent-ils pas à la gerbe des bouquets de feux d'artifice, le fuselage des peupliers à la queue des fusées et les larmes des saules au scintillement des étincelles qui retombent sur terre après l'incendie ? Et on voudrait nous faire croire que « l'état végétatif » caractérise les apathiques ? Mais j'ai connu des êtres sanguins plus morts que les hêtres pourpres !

En Géorgie comme en France, on distingue le clocher des églises avant les toits des villages. Traits communs aux pays de collines. Je croise des bergers dans des carrioles attelées. Je les salue joyeusement car la vision des ombellifères (le parasol des cicindèles) me rend d'humeur alerte. Ils ont les regards noirs des paysans pieux. Ils considèrent ma main d'un air perplexe, sans comprendre pourquoi je la lève. J'avance très lentement, m'arrêtant beaucoup, flânant dans les sous-bois, cherchant la trace du tube.

À Tétri-Skaro, Youri tient une quincaillerie. La pancarte du magasin annonce « *Ici, mille choses* ». Je lui achète un boulon et du fil de fer pour une menue réparation. Il m'en coûte un *lat*. Sur le billet, un cerf est imprimé.

— Tu as dormi où, cette nuit ?

— Dans la forêt, sous le village, à quarante kilomètres, dis-je.

— Et ce soir ?

— Je ne sais pas... Je vagabonde... au hasard...

Cette conversation se termine à sa table. Alexandre Dumas avait prévenu : « Un dîner géorgien est un repas où les petits buveurs boivent leurs cinq ou six bouteilles de vin, et les grands leurs douze ou quinze. Quelques-uns ne boivent même pas à la bouteille, ils boivent à l'outre ; ceux-là vont à vingt-cinq bouteilles. C'est en Géorgie une gloire de boire plus que son voisin. Or, la moyenne du voisin c'est toujours une quinzaine de bouteilles[1]. »

1. *Voyage au Caucase.*

Youri m'offre du *samagon* à 45° comme si c'était la première chose dont un cycliste rêve au terme de quarante-cinq kilomètres de montée[1]. Nous portons des toasts de vin à la Géorgie et buvons quatre fois pour les quatre croix qui frappent le drapeau. Arrive Marzak, le frère, ingénieur topographe. Puis la mère de Youri, Nino. Le sentiment de retrouver l'Europe provient du fait de recommencer à parler à des femmes. Marzak me montre des cartes du Bakou-Tbilissi-Ceyhan.

— Pendant le chantier, ils ont employé des gens du village. Moi je leur ai vendu du matériel de construction, dit Youri.

— Au tube ! dit Marzak.

Nous buvons aussi à la « treizième étoile » du drapeau européen : l'espoir que la Géorgie intègre un jour l'Union. Le soleil se couche dans ma tête et l'aube arrive sans même que je sache comment la nuit s'y est prise pour passer.

Jours bucoliques. Je pédale lentement sur le dos des hauts plateaux géorgiens. Parfois la route plonge dans une vallée et la végétation se fait grasse. Je remonte le long de rivières à truites. Un capricorne de dix centimètres, décoré comme un bouclier masaï, traverse la route. Je salue les vaches, les chevaux et toutes les bêtes sauvages : les hérons cendrés, les faucons et même un jour un

---

1. En russe *sam* signifie soi-même et *ogon*, le feu. *Samagon* : le feu qu'on fait soi-même.

busard que je vois s'envoler, un poisson dans les serres. Je salue le busard qui va dîner, je salue le poisson qui va mourir. Les chiens défendent les porches, les porcs tiennent les fossés, les oies, les marigots. Des chevaux secouent la tête dans les champs. À quoi acquiescent-ils ainsi ? Y a-t-il des animaux qui disent « non » ? Dans les villages, des mastiffs se jettent à mes trousses. Est-ce le moulinet du pédalage qui les excite ? Il y a deux sortes de chiens. Ceux qui sont attachés à une maison et que la laisse a rendus méchants. Ceux-là agressent et bavent. Les autres, les chiens errants, les vagabonds, n'attaquent pas puisqu'ils n'ont rien à défendre. Ils vont leur chemin, espérant que je passe le mien sans leur faire de mal.

En contrebas du village de Trioléti, halte sous la pluie, dans un complexe hydroélectrique de l'époque soviétique. Turbines et alternateurs marchent toujours. Près des immeubles ouvriers, un café occupe le rez-de-chaussée d'un bâtiment des années cinquante. Sous le portrait de Lénine, un couple de vieux Géorgiens danse un pas de valse. Sur leur table, un litre de vodka. Au bar, la matrone branche la radio. La techno renvoie les vieux sur leurs chaises et moi, me fait fuir.

Montée sous la pluie. À peine sur mon vélo, je regrette le confort du café. Les vagabonds connaissent bien cet état de perpétuel balancement entre l'envie de se reposer et le désir, sitôt atteint le toit du havre, de reprendre la piste. L'espoir que son propre sort s'améliorera au kilomètre suivant, au bout du virage, au-delà la colline, entraîne l'homme insatisfait à toujours pousser sa course. L'alpiniste continue de monter parce qu'il croit le sommet proche, situé derrière la prochaine crête, laquelle n'est en fait qu'une marche avant une autre arête. On met un pas devant l'autre parce qu'on imagine toujours que le suivant sera le dernier. L'être en souffrance s'échine à vivre car il ose penser que le jour d'après lui offrira quelque répit. Cette espérance entretient un mouvement perpétuel, maintient la volonté de vivre. Les actions sous-tendues par l'espoir de l'issue, l'attente d'un mieux-être procèdent d'une énergie bien particulière : l'énergie de la fuite en avant. Celle-là même qui fait tourner le hamster dans sa roue avec l'espoir qu'elle devienne plate un jour.

La région de Javakhétie est un vaste plateau dont une dizaine de communautés se partagent les alpages. L'Histoire — conquêtes tsaristes, déportations soviétiques, guerres ottomanes — a mélangé les peuples autour du lac de Tsalka. Le temps, lui, a mêlé les familles. Rien dans les visages ne distingue plus le Grec de l'Azéri, l'Ossète de l'Arménien. Je vis dans ces parages des heures étranges. Je rejoins les villages sans jamais savoir où j'arrive.

— Nazdarovié !

Pas de réponse, j'ai parlé russe à des paysans azéris.

Ailleurs :

— Kaliméra !

Regard en coin, c'était des Ossètes.
Plus loin :
— Salamaleikum !
Encore à côté : des Arméniens.

La pluie a cessé. Fièvre dans les villages, urgence de faucher avant le retour des orages. Les femmes ratissent, les vieux aiguisent, même les mioches sont au labeur. On entend siffler les faux et les pierres sur les lames. Les meules s'amoncellent, opulentes et grasses. On voudrait être herbivore. Les faucheurs fauchent en ligne. À chaque coup, ce ballet régulier comme une vague : l'herbe qui se couche, les insectes qui jaillissent, les bergeronnettes qui fusent pour les attraper au vol. Dans l'air, l'odeur de l'herbe fraîche. Sur les pistes, la silhouette morbide des paysans qui marchent, faux à l'épaule. À perte de vue, des silhouettes dans les champs : le grand déploiement des forces paysannes, avant l'assaut des averses. Dans cette nappe, les 4 × 4 de la British Petroleum, pleins feux, sont les seuls véhicules à croiser. Ils me rappellent que c'est un tube sous pression qui a guidé mes pas ici. La guimauve du jour s'étire dans la réglisse du soir. Ce mauvais goût des crépuscules. Le soir n'a pas de fin. Le ciel hésite, la nuit tranchera.

J'arrive à Oliangi dans ces lueurs. Première vision : un moine sanglé dans une robe noire, seul. Premières paroles, en russe :

— Chrétien ?
— Oui, dis-je.
— Alors tu peux dormir ici.

Nous allons lentement dans le village en ruine. Les ruelles sont boueuses et les fossés en ronces.

— C'était des Grecs qui habitaient ici autrefois, ils ont quitté les lieux en 1991. Depuis deux ans nous tentons d'établir ici un monastère. Voici les autres frères.

Sur la place du village, près d'une chapelle en pierre volcanique, adossés à un mur douze moines prennent l'air du soir. Douze Raspoutines à barbes de jais, alignés comme des ombres. Ils ont nom Arsène, Héraklion, Hilarion, Anton, Kaiser... Leurs regards enfiévrés sont leur seul point commun. Si la foi est un feu, je veux bien croire qu'ils en brûlent et que leurs yeux sont des lanternes éclairées du dedans. Pour le reste, ils ont l'air des membres dépareillés d'une guilde médiévale réunie dans un château des Carpathes. Arsène est maigre et a le visage émacié. Anton aurait pu être le petit bouffon d'un roi fainéant. La face d'Isidore aux yeux bleus est mangée par une frange rousse, Hilarion ferait bonne figure dans une confrérie de possédés. Kaiser, le colosse, parle en traînant, boite en marchant. Ils vivent ici, en autonomie, été comme hiver, avec six sœurs, sous la conduite spirituelle du père

Dorothée, qui trône au milieu de ses moines, reconnaissable à la croix d'argent massif posée sur le pli de son ventre. Quelques champs, des vaches, le don des fidèles, l'argent de l'Église orthodoxe autocéphale géorgienne suffisent à leur subsistance.

Sous la chapelle coule une source. Un bassin de retenue a été aménagé. À l'endroit où l'eau sourd, dans l'ombre du trumeau, vit une truite. La nouvelle de l'installation des moines s'est propagée dans la région. On vient même de Tbilissi pour y prier et s'y faire bénir. Et caresser la truite. Les moines la nourrissent à l'œuf et ont fait de l'animal un monstre que le contact d'une main humaine n'effraie même plus.

On me passe une robe noire et je plonge trois fois dans l'eau glacée de la source sacrée. Arsène me tend un tord-ventre à 50°. Dehors je suis de glace, dedans je sens le feu. Nous veillons dans la nuit, autour du bassin. Nous vidons des cruchons et mangeons le pain pétri par Kaiser et le miel récolté par Arsène. Le vin, lui, vient de Mingrélie. Dans la nuit, sous la conduite d'Anton, les moines chantent des cantiques. Trois voix s'emmêlent puis se joignent en une ligne, conformément au principe de l'unité trinitaire. Les flammes de deux torches creusent les ombres des visages. Les paupières sont à demi fermées : le vin ou l'extase ? Pétrifié de tristesse, j'écoute. Les pierres taillées, l'alcool, les chants : la minuscule grandeur de l'homme monte vers les étoiles.

Hilarion, qui a fait ses classes à Kiev, lève le cruchon à « Du Guesclin ». Après ce dernier toast, je ne sais plus si les choses se passent dans la fabrique de mes rêves ou au bord du bassin. La truite obèse fait des clapotis dans mon sommeil jusqu'au coup de massue de l'aube sur mon crâne en lambeaux.

La piste qui relie le village d'Oliangi au col de Tsratskaro est un calvaire pour qui a passé la nuit près d'un cruchon de Mingrélie. Jusqu'au village de Bakuriani, des galets morainiques servent de pavement. Je vais sur ma bicyclette comme dans ces temps médiévaux où les chars à bœufs tressautaient sur les chaos. Au-delà d'un petit village peuplé d'oies et d'Arméniens, la piste disparaît dans des alpages. De vagues traces s'élèvent dans l'herbe fauchée, en biseau sur le flanc d'un versant. Le pays est volcanique. Les dômes des cratères éteints flanquent l'horizon. Les blocs d'andésite, rouge brique, les pierres ponces noires servent à l'édification des villages et donnent aux maisons l'air grave. Dans ces façades : le souvenir éteint des forces magmatiques. Je gagne de l'altitude pour la reperdre aussitôt : une conque s'ouvre, couverte de fleurs sauvages. Au fond de cet amollissement de terrain repose une église en ruine du XVe siècle. Quelqu'un est passé récemment qui a allumé un cierge près d'une icône orthodoxe. Je demeure un long moment dans cette chapelle veillée par des volcans morts.

Pour s'épargner de la distraction de l'imprévu, les moines soumettent les heures de leur vie à une règle choisie. Ainsi privé des perturbations, leur esprit peut se consacrer à l'adoration. Rien de plus étranger au précepte bergsonien de recherche du jaillissement perpétuel de nouveauté. On pourrait penser leurs existences mortes, racornies, dépourvues d'énergie car cuirassées d'habitudes. Mais la vie des mystiques s'épanouit par-delà l'habitude. Elle peut se passer du renouvellement permanent de l'instant car elle tire son feu d'avoir un jour connu un instant supérieur à tous les autres et qui se répète dans le rythme de la loi liturgique : celui de la révélation du principe divin. Ainsi le sage retiré du monde, l'homme de la grotte nourri de lézards : son avenir est sans surprise, mais un brasier brûle quand même en lui. Une nécessité de se maintenir en vie pour continuer à éprouver le sentiment immense de se savoir habité par quelque chose de supérieur.

Le village de Tabaskuri à mille huit cents mètres d'altitude occupe la rive nord d'un lac, au pied d'un dôme gris. Sur le flanc oriental du cône, le tracé du pipeline déroule son sillon noir. La bande de terre fraîchement retournée est large d'une cinquantaine de mètres. Le tracé rebondit de croupes en collines. Il passe droit dans le relief. Un pipeline est un fantasme de cartographe : une cicatrice dans le terrain aussi droite qu'un trait sur la carte. Des ouvriers sont encore occupés aux travaux de réinstallation des sols. Sur la tranchée comblée de terre, ils placent un treillis biodégradable qui servira à prévenir les glissements et à retenir les graminées replantées. La British Petroleum a investi une énergie considérable dans les travaux de recouvrement. Sur la totalité de l'itinéraire de l'oléoduc, des botanistes ont été chargés de collecter les espèces végétales, de les conserver et s'occupent à les semer, une fois le tube enterré, pour que le sol se reconstitue, à l'identique.

Les travaux ont pris quelque retard en Géorgie. Sur certaines sections, on peut encore assister à la noria des pelleteuses *Caterpillar* en équilibre, funambules jaunes, fumants, sur le fil des arêtes. Danses d'insectes. Parades des phasmes. À Tbilissi, le directeur de la section géorgienne du pipeline me livrait une analyse qui ruinait mes théories géopolitiques : « Le pipeline, passe où la géologie nous a permis de l'installer. » Cette manière que les savants ont de dédramatiser les choses.

Je roule dans une mince bande d'air clair, prise en étau entre le brouillard et les nuages. Les ouates du ciel et de la terre se rejoignent un peu plus loin, à la hauteur du col, vers deux mille cinq cents mètres. Des cigognes rament dans les brumes. À la surface des planèzes s'élève le monticule des kourgans, tombeaux des époques indo-scythes. En Géorgie, le chantier a été interrompu une demi-douzaine de fois à cause des découvertes de vestiges romains, homériques ou médiévaux. Les archéologues avaient même le pouvoir d'imposer que le *pipe* contournât les sites de fouilles majeurs. On ne fait pas impunément passer un tuyau dans un royaume hellénistique.

Les hauts alpages sont mouchetés des campements d'éleveurs azéris, employés pour l'été à la garde des moutons. Les toiles de tente et les bâches en plastique font des taches bleues et blanches dans les auges vert-de-bronze des cirques glaciaires. Le *berger du Caucase*, énorme chien à la fourrure épaisse, défend les troupeaux et tue les loups trop entreprenants. Peu avant le col de Tsratskaro je suis attaqué par une meute. Le plus agressif des molosses traîne à son cou la chaîne et le piquet qu'il a arrachés en me voyant passer. Les autres chiens se sont rués en renfort. Ils m'entourent, je fais rempart de mon vélo. Je les tiens à distance en leur jetant des pierres. Les bergers accourent. Ils peinent à maîtriser leurs bêtes et je leur gueule en russe, fou de rage, que si j'étais armé je rafalerais leurs chiens, jusqu'au dernier et eux avec.

Quelques lacets plus loin le brouillard se referme, s'ouvre encore une fois et s'abat pour de bon. Deux bergères azéries fendent la brume. Nous nous trouvons face à face, elles mènent à la baguette un âne chargé d'eau. En me découvrant, elles hurlent. J'avance pour les calmer, les glapissements redoublent. Un cavalier surgit des écharpes humides, au galop, un casse-tête de bois dans la main droite. J'ai le plus grand mal à lui expliquer que les cris de ses femmes sont dus à la surprise.

Je viens à bout des derniers kilomètres. Col à deux mille cinq cents mètres. Le tube passe la crête et bascule de l'autre côté vers la vallée de Bakuriani. Je pisse sur le pipeline non par conviction écologique mais à cause du foutu vin des moines.

Descente. Visibilité nulle. Je négocie lentement les lacets. La piste est mauvaise. Les soldats en armes qui m'arrêtent à la sortie d'un virage ne plaisantent pas. Les Kalachnikov sont chargées, les poignards commandos, attachés aux brelages. Sur le côté de la piste : deux véhicules de marque américaine. Je reconnais des membres de la SSPD : State Strategic Pipeline Division. Cette unité est financée par les crédits américains qui participent à une hauteur de 130 millions de dollars à la sécurisation du pipeline. Washington se constitue ainsi, tacitement, à travers ses amitiés azéries et géorgiennes[1] et par le truchement de séides bien entraînés, une *garde caspienne*. La British Petroleum emploie les services de ces corps d'armée pour surveiller son tuyau.

— Papiers, demande-t-il.

Je tends mon passeport. Le soldat tombe sur d'anciens visas afghans.

---

1. L'armée géorgienne est membre de la coalition internationale engagée en Irak aux côtés des Américains.

— Tu es musulman ?
— Non.
— Pourquoi vas-tu en Afghanistan ?
— Tourisme.
— Tourisme ?
— Oui, c'est joli là-bas.
— Et pourquoi un touriste prend-il en photo le pipeline ?
— Je ne l'ai pas pris en photo.

Je mens, ils le savent. Les soldats du SSPD m'ont observé tout l'après-midi, depuis leurs positions, au sommet des crêtes. Ils m'ont vu m'arrêter régulièrement sur le *pipe*. Puis le brouillard s'est installé et ils ont envoyé deux Jeep m'intercepter. Pendant deux heures, on me presse de questions. Un soldat note mes mesures anthropométriques. Un autre me photographie. Par radio, ils reçoivent l'ordre de m'emmener à Bakuriani, la ville la plus proche, au fond de la vallée, à 15 kilomètres. Apparaît alors Marcel G. au volant d'une 4 × 4 de la British Petroleum. Il est le responsable civil de la sécurité de l'oléoduc. Il a souvent maille à partir avec ces transfuges des forces du ministère de l'Intérieur ou de la garde présidentielle. Les sbires du SSPD font de l'excès de zèle et menacent parfois les propres convois de la British Petroleum qu'ils sont censés protéger.

Scène étrange. Dans les volutes de nuages, Marcel, ancien des Forces spéciales françaises, s'énerve dans un géorgien de cuisine contre les petits chefs d'une obscure vallée pour qu'il relâche un cycliste de passage. Le ton monte. La gouaille de Marcel contre la morgue des sicaires. Je suis l'enjeu ridicule d'une joute de clans.

— Je ne supporte pas leur arrogance ! Ils exhibent leurs armes mais à l'apparition du premier Tchétchène, ils détaleraient, dit Marcel.

Il obtient au téléphone que l'ambassade de France intervienne. Une heure passe avant que l'ordre de me relâcher ne tombe. Je quitte les lieux à bicyclette, sur cette recommandation de Marcel :

— Ce soir ne vous arrêtez pas. Descendez dans la vallée. Ils seraient capables de vous chercher dans la nuit pour se venger de leur vexation.

Station thermale de Borjomi. Dans une librairie, je trouve *Faust* en français. Je vais le lire au parc thermal de la ville. L'usine d'eau minérale a fait la réputation des lieux jusqu'à Moscou. Je lis Goethe en buvant de l'eau de source. C'est comme lire Proust en sifflant de la vodka. Premiers mots : « je cherche le secret de l'énergie de l'âme » ! Moi aussi, docteur Faust ! La phrase me met en train et je passe une belle journée dans le parc thermal. Des curistes obèses boivent consciencieusement leur litre d'eau prophylactique, font quelques pas dans les allées des jardins, puis la conscience tranquille, s'envoient une crème glacée avec un litre de bière blonde, dans les guinguettes. Une maison scintille. Sa façade à balcons est couverte de petits éclats de miroir : elle fut construite par le chah d'Iran il y a cent ans pour une princesse perse. Borjomi vit dans le souvenir des temps où elle était une villégiature du début du siècle. Princes et généraux y prenaient les eaux. Aujourd'hui l'entreprise d'eau minérale ne peut même plus écouler ses stocks vers la Russie. Au fur et à mesure que la Géorgie bascule dans le camp occidental, Moscou coupe un à un tous les liens commerciaux avec l'ancien vassal !

 La route qui mène à la frontière turque remonte le long de la rivière Mtkvari. Elle est jalonnée de forteresses en ruine, noires, crénelées, comme des chauves-souris. Je passe deux ou trois fois au-dessus du pipeline. Cascadant des montagnes boisées de Bakuriani, il a rejoint les basses terres et navigue à présent, en équilibre, passant d'un revers à l'autre de la vallée alluviale. Je lui lance des saluts, à ce tube, quand je le croise. Il est devenu mon compagnon. Il caracole, plein de souplesse, vers la mer, sous la pression de son trop-plein, choisissant pour sa course les plus belles vallées et les plus vastes monts.

 Dans un champ où paît un cheval de trait, repose un buste de Staline en fonte. Il luit au soleil. Quand on ne songe même plus à vous déboulonner c'est que vous pesez encore moins que si on ne vous avait jamais érigé de statue. Une tourterelle de Turquie est posée sur le crâne de la sculpture. Staline n'est donc pas l'épouvantail qu'on a dit. L'homme qui a tué le plus de communistes au monde est enfant de Géorgie. Il naquit à Gori à quelques dizaines de kilomètres au sud de Borjomi. Aujourd'hui presque la moitié des Russes regrettent sa poigne de fer. Les Géorgiens ne se prononcent pas, mais le laissent pourrir dans les paddocks.

Avant la frontière turque, je pose ma bicyclette contre la clôture d'un cimetière allemand. Ils sont une dizaine à reposer ici, des prisonniers de guerre, déportés pour les grands travaux staliniens. En perçant à la pioche le canal qui coule sous le cimetière, ils ont creusé leur tombe et sont morts à la tâche. Sur la stèle de l'un d'eux, Jacob Karn (1907-1947), est scellée une plaque posée par sa femme. Elle a retrouvé sa trace en 1991. Les Allemands étaient détenus à moins de cinquante kilomètres de la Turquie. Le savaient-ils ? En une nuit de fuite, à marche forcée, plein sud, à travers bois, ils auraient atteint le monde libre.

À vélo, dans la Géorgie démocratique, il faut trois heures.

IX
Anatolie

À l'époque des Soviets, la frontière était située à une cinquantaine de kilomètres en retrait de son emplacement actuel. Un *no man's land* faisait tampon entre l'Union et la Turquie. Le tube traverse la frontière, en pleine forêt, à quelques kilomètres de la route. Il passe sans qu'on ne lui demande rien. Les arrangements des Majors épargnent au brut les mesquineries de l'administration.

La frontière est encore marquée par un héritage du rêve socialiste : une double ligne de défense, semblable à celle qui ceint l'ex-Union soviétique. À cause de la disposition des barbelés, on ne sait pas si elle était érigée afin qu'on n'entrât pas dans le pays ou pour empêcher qu'on en sortît. Des miradors surveillent les vallonnements jaunis par l'été. Les parcelles de chaumes ont des teintes différentes. La campagne est un manteau d'arlequin. Le paysage est entaillé côté géorgien par une piste à nids-de-poule et, côté turc, par une route de goudron lisse comme un œuf.

Passez la frontière entre la Géorgie et la Turquie, vous aurez un résumé de l'histoire agricole de l'Europe. En Géorgie, l'avant-guerre : les voitures attelées, la faux dans les champs et dans les villages, les gosses et les oies libres. En Turquie, la mécanisation : les motoculteurs, les élevages intensifs, et les mioches à l'école sous le portrait d'Ataturk.

Les premiers kilomètres en Turquie me ravissent[1]. Non pas à cause des développements collinaires que le soleil emmielle, ni parce que les forêts donnent des airs de Jura aux draperies des reliefs, ni parce que les paysans occupés aux fenaisons me saluent et que ces mains amicales sont de bon augure. La raison, c'est qu'à une centaine de mètres de la route, le ruban du gazoduc South Caspian Project — ce tube qui pompe le gaz de Shah Deniz devant Bakou et l'emporte jusqu'à Erzurum — gît, posé près de la tranchée où les ouvriers turcs ne l'ont pas encore enterré. Dans le lointain, on dirait un fil de réglisse collé aux ondulations des anticlinaux. À l'est, le SCP, à l'ouest, le BTC : gaz à gauche, brut à droite et moi qui pédale de toutes mes forces au milieu du couloir de l'énergie.

À plus de deux mille mètres d'altitude, au pied des ultimes lacets du col de Posof, construite sur la

---

1. Voir carte n° 10.

pente d'un alpage, s'élève **PT** 1, l'une des stations de pompage qui maintiennent la pression dans le Bakou-Tbilissi-Ceyhan. Ces installations sont disséminées tout au long du tuyau afin que la détermination de la pâte à atteindre la mer ne faiblisse pas.

Des nuages ont livré bataille, quelque part, sur un front de Géorgie et se replient défaits, vers les arrière-lignes turques. Quelques-uns sont en lambeaux. Le soleil descend dans cette charpie alors que des pompiers à l'exercice simulent une intervention sur une cuve de brut. Reflets de leurs tenues fluorescentes sur les parois d'argent des réservoirs. La station dans le ciel d'encre a des allures de cité spatiale. Si l'une des cuves venait à s'enflammer, ils ne viendraient pas à bout des flammes avec leurs lances à eau. Du moins pourraient-ils évacuer les hommes piégés dans les brasiers.

Le soleil éclaire un *qala* lointain, rivé à un rocher. Ces forteresses médiévales défendaient le vieil empire géorgien qui couvrait l'Anatolie avant la rafle ottomane. Le soleil passe sous le lit des nuages. Le père de toute énergie décline mais réussit à aveugler jusqu'à la fin. Impossible de regarder sa face : apanage des dieux !

Je bivouaque dans les vertes prairies en contrebas du col et m'endors comme un insecte qu'on écrase. Je jouis de la fraîcheur retrouvée. Cette folie de désirer cuire. Bizarrerie de cette propension à se ruer vers le soleil sitôt venues les vacances d'été. Les physiciens démontrent que la chaleur désordonne la matière, brouille la stabilité atomique. L'eau s'agite quand elle bout parce que le chaos règne dans la casserole. Pourquoi en serait-il autrement de nos pensées dans un crâne surchauffé sous le soleil d'une plage ?

Les paysages de l'aridité m'attirent parce que je trouve une grandeur à leur désolation. Ils me fascinent mais ne m'émeuvent pas. La steppe est un tapis que j'aime battre mais où il ne me viendrait jamais à l'idée de me coucher longtemps. J'en crains même la chaleur parce qu'elle m'évoque le fourrier de la mort. Mon terreau propice est l'humus plutôt que le reg. Je préfère la source au puits, le cheval au chameau. Parfois l'âme, devant un paysage, se gonfle d'une émotion inexpliquée. Elle reconnaît un lieu comme si elle lui était prédestinée. Les lieux de mon âme sont les montagnes aux formes et aux couleurs pétries de gel. Le froid m'invite à vivre. Le chaud m'incite à fuir.

La fraîcheur anatolienne ravive mes forces. Mon corps se délecte. Il se souvient, il possède la mémoire de la jouissance. Les hommes couvent en eux le souci permanent d'éprouver à nouveau les plaisirs déjà vécus. Certains êtres vouent d'immenses efforts à revivre des sensations, inscrites au tableau de chasse de leur expérience, rangées dans le magasin de leur mémoire. Une fois éprouvé le bonheur, nous n'avons plus de cesse qu'il resurgisse du fond des eaux. Cette énergie du renouement s'apparente à une course à l'âge d'or. Le souvenir des moments heureux nous dynamise et nous enjoint de les recréer. Si nous nous nourrissons, si nous nous promenons dans les bois, si nous ouvrons un livre, partons voguer sur l'eau ou étreignons des corps, c'est peut-être uniquement parce que nous nous souvenons que c'est bon. Et que nous désirons le vérifier, une fois encore.

Kilomètres avalés sur les plateaux de l'Anatolie. Le nom fait référence à l'immense profondeur asiatique de la Turquie composée d'un système de reliefs semi-arides et de steppes perchées culminant à une altitude moyenne de plus de mille mètres. Dans les herbes hautes, des sauterelles : les points d'exclamation des prairies. L'été est clément avec l'Anatolie du Nord. Il vivifie les alpages, gonfle les sèves.

Dans les villages, pas rare de rencontrer un Turc de France. Celui-là est maçon à Flers, un autre est carreleur à Trappes. Ils reviennent l'été prodiguer leurs économies. En France, des *bougnoules*, ici les Princes.

Au café, foule de moustachus. On me fête quand j'y fais halte. La plupart des hommes sirotent du thé. Pas une femme. Ni dans la rue, ni dans les troquets. Une absence douloureuse comme une amputation. De temps en temps, tout de même, au fond d'un champ, une silhouette voilée sous le poids d'une charge de bois. Parfois de foin. La torpeur qui règne dans l'atmosphère des villages serait-elle due à l'absence des femmes, de l'énergie des femmes ?

— Les femmes, leur place est à la maison, dit Rafit, maçon à Vesoul.

— Pourquoi, dis-je ?

— Parce que c'est leur place.

— Sont-elles d'accord ?

— Oui, oui, oui.

— Vous leur avez demandé ?

— Oui, oui, oui.

— Qui a décidé ?

— Dieu.

— Les maisons n'existaient pas quand il a créé les hommes.

— La place des femmes est à la maison.

Rencontres chaleureuses, goût délicieux du thé, misère des conversations.

Souvent les voyageurs justifient leur départ par leur soif de rencontres. Découvrir l'Autre, s'y frotter, le comprendre, l'écouter et l'aimer : motifs des voyages modernes. Serait-ce qu'à la maison, il n'y a personne digne de soi ? Serait-ce que l'exotisme confère à l'étranger une valeur suprême ? Y aurait-il un rapport entre la profondeur des gens et leur éloignement ? Un voyage en des terres désolées, vides de tout être, n'aurait-il pas d'intérêt ?

Je trouve plus honnête d'avouer que je voyage en *vagabond enchanté* pour le seul bénéfice de mon âme et la pure jouissance de mon corps. Que me frotter à la beauté du monde est mon unique raison de lever les ancres. Que je suis capable de laisser l'Autre tranquille pendant des semaines si je me sens l'humeur solitaire. « Partir pour rencontrer », entend-on ici et là comme si r*encontrer l'autre* était équivalent à *visiter les temples* ou *goûter la cuisine locale*. La rencontre est un bonheur fugace, rare, avare de lui-même. Elle survient sur la route. Surtout ne pas aller vers elle ! Si elle se décide à venir, alors elle illuminera notre ciel intérieur sans qu'il n'y ait rien à faire. Comme avec les chats.

Partout des minarets, en construction. Dans un village où il y en a déjà deux, le chantier d'un troisième. Sur le coteau septentrional d'Erzerum, neuf se dressent dans le champ de vision.

Les pays musulmans n'ont pas vécu le tournant de la Révolution industrielle. Au XIXe siècle, lorsque les usines crachaient leur fumée à Liverpool, les petits ânes de Médine continuaient à charrier les fagots sur leur dos. En 1848, les peuples de l'umma n'ont pas connu leur Printemps ni la vague de constitutions des États-nations. En 1919, aucun pays mahométan n'était indépendant. Pas plus qu'à l'essor économique de l'après-guerre ils n'ont pris part à l'aventure technologique, spatiale ou à la révolution biogénétique de la seconde moitié du XXe siècle. Ils ont laissé le terrain de l'innovation aux autres. À l'aube du XXIe siècle, l'Asie du Sud-Est, la Chine, l'Inde connaissent le succès sur le front du développement. La plus grande richesse des peuples du croissant : le souvenir d'une gloire ancienne, au temps du califat.

Ce constat d'échec face au reste du monde, le sentiment de ne pas participer au destin de la planète, d'avoir raté les coches, est humiliant. Mais un don du ciel adoucit la morsure de la frustration : 70 % des ressources pétrolières de la planète se situent dans le sous-sol des États musulmans. L'exploitation des huiles — affront ultime — est entièrement assurée par des techniques occidentales !

Les peuples de l'Islam tiennent donc l'Occident dans un état de dépendance énergétique qui ne s'appuie ni sur le génie propre, la force militaire, l'habileté politique ou le rayonnement culturel mais sur les hasards de la géologie qui ont tendu les nappes d'hydrocarbures.

L'islamisme lave les vexations. Il offre l'occasion d'affirmer malgré tout la grandeur perdue. Par la terreur, à défaut d'autres moyens. Inventivité, labeur sont des boutoirs pour abattre les murailles. Quand on ne les possède pas, restent les bombes. Mais un nuage flotte sur l'avenir radieux des fous d'Allah. Le fondamentalisme s'appuie sur la prospérité pétrolière : la lèpre verte se nourrit de l'or noir. Le pétrole coule, les minarets poussent. Sans pétrodollars, les organisations jihadiques faiblissent. Or les réserves s'épuisent tandis que les taux de natalité explosent : l'umma est déjà riche d'un milliard trois cents millions d'individus. Ceux qui veulent conquérir le monde doivent donc aller vite.

L'*oil peak* qui verra décliner les ressources d'huile sonnera peut-être en même temps l'*islamic peak*.

Que l'islamisme puise sa vitalité dans la manne pétrolière est déjà un symbole. Par une nuit de bivouac sous le col d'Azot, un rêve me visite : je suis noyé dans une mer de brut. À côté de moi, des minarets hurlent plongés eux-mêmes dans la flaque jusqu'à la tourelle sommitale. Je me réveille, il est quatre heures du matin. Le minaret de mon songe existe bel et bien : c'est la mosquée d'un village voisin. Les cris du muezzin se sont glissés dans mon sommeil. Mon rêve n'est pas absurde. La parole d'Allah est identique au brut : pâte lourde figée dans un corset pétré. Et moi, je me sens un cormoran en sursis, dont une marée verte menacerait d'engluer les ailes.

La Botas, compagnie turque qui a assuré les travaux d'installation du pipeline, a pris quelque retard. Le gazoduc SCP qui fuse vers Erzurum est encore en travaux et l'oléoduc Bakou-Tbilissi-Ceyhan n'est pas entièrement recouvert. Le pipeline traverse des exploitations paysannes. Pendant des mois, les travaux ont empêché les fermiers de cultiver leurs terres. Les services des compagnies pétrolières ont indemnisé des milliers de propriétaires terriens. En Turquie le droit de la terre existait depuis l'Empire ottoman et les équipes juridiques ont pu accéder aux registres cadastraux. Mais en Azerbaïdjan et en Géorgie, la propriété paysanne ne s'est instituée qu'à la chute du Soyuz dans une anarchie conforme à la désorganisation de l'État balbutiant. L'entreprise de compensation des cultivateurs a été beaucoup plus acrobatique à mener. Contestations de titres par les villageois et spoliations de terres par les malfrats ont été le lot commun. De la Caspienne à l'Anatolie, au terme des travaux, les cultivateurs et les éleveurs revenus labourer leur terre ou conduire leur troupeau ont retrouvé des terrains en parfait état. Le pipeline est enterré à une moyenne d'un mètre cinquante de profondeur. Une pointe d'araire n'entaille que de quarante centimètres la surface du sol. Ainsi le cycle des jours et des heures paysans a-t-il repris son cours sans que le passant puisse se douter que sous le soc ou le sabot, coule le sang de l'économie mondiale. Étrange vision que ces vieilles Kurdes glanant sur l'emplacement du tube les épis tombés du battoir des moissonneuses. Ont-elles idée de l'existence du *trader* qui joue dans une lointaine salle de marché de Londres avec les vacillements du brut circulant sous leurs pieds ?

Je pédale ivre de l'odeur des champs. Bivouacs au bord des rivières. Réveils entre herbes et ciel. Le bonheur : se baigner dans l'eau, se faire sécher par le vent, se chauffer sur une pierre. Vagabonder c'est se laisser nourrir par le lait des choses simples. Laisser l'énergie élémentaire du monde s'occuper de sa carcasse. Je ralentis ma course pour rester dans les hauteurs. Je ne veux point atteindre trop vite Erzurum. En bas, sous la barre des mille cinq cents mètres, règnent les chaleurs et je n'ai aucune envie de m'y engouffrer.

Près d'Ardahan, je visite une exploitation apicole financée par la British Petroleum. Les apicultrices ressemblent à des moniales qui auraient pris le voile pour vouer leur vie au culte d'une reine. Les ruches en bois sont alignées. À genoux, je reste des heures à les observer. Quiconque prétend s'intéresser à la force vitale doit se pencher sur une ruche. Avec son couvercle ouvert, elle ressemble à un cerveau trépané qui laisserait voir sa fluidité. Le mouvement des abeilles en figurerait les impulsions électriques.

La symbolique énergétique du monde des abeilles est vertigineuse. Le soleil dispense sa puissance photonique aux fleurs qui la reçoivent, pétales et corolles orientés vers la lumière. La force solaire s'accumule dans les tissus végétaux. Bergson appelle cela « l'explosif des plantes ». La plante est un baril de poudre de lumière. La vie, un perpétuel travail d'accumulation graduelle et de détente brusque. Suivant la loi de ce principe, la fleur explose au printemps et libère la force, contenue tout l'hiver. Elle offre son pollen, le met à la disposition du vent et des hyménoptères. Les courants d'air comme les élytres se chargent de poudre de vie.

Comme presque tous les membres du règne animal, l'abeille utilise *l'explosif* solaire pour le convertir en mouvement. Elle cherche la fleur, cette banque d'énergie solaire, la trouve, en ponctionne le suc et revient à la ruche. Là, un plan d'ensemble, inscrit dans les gènes de chacune des abeilles, régit le comportement de la communauté et la conduit vers un but commun : nourrir la reine. De ce cycle vital, cotisant la puissance du soleil, l'énergie des plantes et le travail des abeilles, naît le miel, ce nectar à haute valeur calorifique. Le miel est de l'explosif bergsonien en pot. De l'ambroisie solaire qui aurait coulé sur la terre le long d'un rayon d'or et qu'une servante en livrée serait allée cueillir au bout d'un pétale pour le plaisir de son Altesse. Concentré d'énergie, le miel est un pétrole lumineux. La ruche, un baril de brut doux.

J'achète quelques pots qui alourdissent mes sacoches. Je m'en gorge comme un ours et en reconvertis la force en kilomètres saluant les apiculteurs sur le bord des routes. Ils lèvent leur voilette et, intrigués, regardent passer ce cycliste qui les fête.

Dans les cafés, je tends mes jambes nouées par les contractures. On m'offre du thé, du raisin, des paroles aimables. Ces lieux sont toujours animés. Cliquètement des dominos sur les tables, froissement des cartes à jouer. Combien seraient-ils plus gais si l'autre moitié de l'humanité avait le droit d'y entrer ? Au fond d'eux, ces hommes ne meurent-ils pas d'envie de faire sauter les barrières ? N'y en a-t-il aucun qui s'élèvera contre la névrose de l'Islam, cette obsession du sexe qui conduit à cacher la femme au prétexte de la protéger. Mais qui osera franchir le pas ? Le dogme hélas étouffe les aspirations naturelles, sous un couvercle que personne ne soulèvera. « Si cet homme en appelle à la police pour soutenir son Dieu, ni lui ni son Dieu n'ont aucune force, et encore moins de beauté », confesse un héros de Gorki à un archiprêtre orthodoxe[1].

Je roule vers Ordur. Dans le ciel, tout au long du jour, des *bouzkachis* de nuages. Les vents ont apporté des nuées, lavé l'horizon puis l'ont brouillé à nouveau. Je descends une vallée boisée contre des rafales qui la remontent. Je hurle des insultes au vent de face qui s'en moque et les disperse. Je puise dans ma rage de ne pas avancer assez vite l'énergie pour pédaler plus fort. Le vent, mon obsession, mon seul souci. Il emporte tout, les cigognes dont les bouts des ailes font comme des doigts gantés, les coléoptères, les épis, et mes joies. Le navire de mon moral est soumis à son influence. Qu'il souffle en poupe je suis heureux, qu'il freine ma proue, je sombre. Jouissance de sentir à ce point la solidité de son être soumise aux caprices des éléments. Je guette la moindre oscillation du plumeau sommital des peupliers qui annoncerait un changement de direction de la tempête.

Le plus décourageant, quand on navigue à bicyclette dans les campagnes venteuses, est d'assister

---

1. *Une confession.*

à la ligue de la nature entière contre soi. Tous les éléments du paysage suivent le ballet du vent. Les arbres se ploient, les herbes se froissent, les blés se couchent, les poussières volent, les oiseaux ne luttent plus et se laissent emporter, les fumées se tirent en italiques, toute la campagne se penche et soi seul, pauvre scarabée obstiné, on s'échine à contre-courant.

Le soir venu, le vent s'apaise mais par un effet de balancier, la géologie se tourmente. Le relief ressemble à une bouche avec des rocs pointus comme des canines. La bouche finit par avaler le jour. J'écoute le frou-frou de la robe des arbres : ils se rendent à des bals en chuchotant. Des sources gargouillent. Elles échappent à l'étau des montagnes et fuguent vers la plaine, la mer. Enfin, le village d'Ordur.

Un Turc aux yeux ardents m'invite dans sa ferme. Nous parlons russe : au village une filière d'immigration envoie les jeunes hommes dans des chantiers du Kazakhstan. Ils reviennent avec de quoi construire une maison et quelques bribes de russe. Lui, a passé deux ans à Astana.

— Le plus dur lorsqu'on arrive là-bas, c'est le froid et les gens qui vous claquent les portes à la gueule.

Dans la pièce commune, nous sommes une douzaine d'hommes. La nouvelle de mon arrivée s'est répandue. Mon hôte donne des ordres à la cuisine : un dîner de mouton est servi. Les femmes, les mères, les sœurs — le peuple des servantes — veillent à ce que rien ne manque. Elles passent les plats par la porte. L'Islam a institué un formidable système de prestation, mieux rodé que n'importe quelle entreprise d'exploitation capitalistique. Une moitié du genre humain a mis l'autre à son service. Les hommes ont institué une sorte d'esclavage, les services du sexe en plus. Que le dogme coranique vacille un jour sous les coups de bélier de la marche du temps est probable. Que les hommes abandonnent le privilège de disposer d'un prolétariat féminin corvéable à merci relève de l'utopie.

Un des convives, officier dans l'armée, sort un .45 de sa poche.

— On tue les cochons sauvages avec. Tu en as déjà mangé ? dit Rafet.

— Oui, dis-je. C'est très énergétique.

— Ici on les laisse pourrir. Au Kazakhstan j'y ai goûté.

S'encanailler à l'étranger...

Journées turques, jours virils. Dans les villages, les femmes voûtées se cachent sous la bure. Les fillettes aux seins bourgeonnants, elles, ont le droit d'aller sans voile. Dans le *Faust* goethéen, les belles sorcières se promènent nues, les vieilles se terrent. Le voile est l'étrange aveu d'une panique devant les manifestations de la beauté. Exige-t-on du paon qu'il se rogne les ailes ?

Étrange vision que ces mosquées au milieu des sapins, ces musulmans dans un décor tyrolien. Au cœur des clairières, on s'attend à des Heidis à tresses d'or ou des ondines à la Gustave Moreau. Passent de mornes Kurdes aux beaux visages calleux, suivis, en guise de femmes, d'un vaisseau couvert de voiles.

À peine quitté-je Ordur que l'horizon s'incline. La route rampe sensuellement vers l'échancrure d'un col. Deux passes à plus de deux mille mètres me séparent d'Erzurum. Dans les descentes, j'explose mes records de vitesse. Si je tombe, je meurs. J'y pense, indifférent. Seul compte à mes yeux que la route fuse. Lorsque je suis en mouvement rien d'autre ne m'importe que le mouvement lui-même. Dans le BTC, le brut coule à deux mètres/seconde. Plus vite que le marcheur, moins que le cycliste. À la vitesse du cheval au pas, qui fut longtemps la mesure énergétique du monde. Grand étonnement de penser que pendant des siècles la prospérité des humains s'est construite sur l'exploitation d'un herbivore qui, lui-même, tirait sa force de l'herbe et de la paille.

Un orage flanque une sacrée raclée à la vallée d'Erzurum. Pour la punir de somnoler sous le soleil ? J'entre dans la ville en tirant le boulet chargé du poids des cent cinquante kilomètres de ma dernière étape. Les chants de huit muezzins vrillent l'air sur des lignes mélodiques différentes.

Si Dieu existait, il ne permettrait pas telle disharmonie.

La Turquie mérite-t-elle de rejoindre l'Europe ? La ville d'Erzurum, à l'image du pays, vrombit de vigueur. De Van au Bosphore, les Turcs sont au travail et les critères d'entrée dans l'Union seront bientôt remplis. Question de temps. L'énergie est là. Seule épine, le minaret. Le passé ottoman alimente les réticences de Bruxelles. Paradoxe intéressant : la Géorgie, on en veut bien en vertu de son passé et en dépit de sa situation présente. La Turquie, elle, devrait pouvoir rejoindre l'Europe eu égard à sa prospérité actuelle, mais son passé l'en éloigne.

Je rencontre Lise et David au sommet de la citadelle d'Erzurum où j'achève *Un roi sans divertissement* de Giono, assis contre le parapet, les jambes bien tendues sur le pavement de grès chaud, pour que le sang circule et rince mes tissus des scories de la route. Ils sont beaux et suisses. Ils ont vingt-cinq ans, s'aiment et voyagent à bicyclette. Partis de Singapour, ils rentrent chez eux, lentement. Les gens les regardent aller avec ravissement. Lorsqu'ils annoncent venir de Suisse, c'est-à-dire de ce territoire qui symbolise le paradis terrestre dans l'imaginaire de l'humanité, ils incarnent aux yeux de leurs hôtes le bonheur parfait. Le hasard a choisi la tour de la forteresse d'Erzurum comme point d'intersection de l'axe de nos vies. Nous décidons de rouler quelques jours de conserve.

Le vent est toujours du côté des amoureux. Depuis que je roule avec Lise et David, il a tourné vers l'ouest et nous pousse. Au-delà d'Erzurum, s'ouvre une vallée en auge, peuplée d'apiculteurs. Je m'approche d'une batterie de ruches. Au-delà d'un seuil précis les abeilles me repoussent, sans attaquer. Les membres de la garde royale volent autour de ma tête, donnant fermement du front.

Les abeilles partagent avec l'homme l'art d'exploiter les ressources naturelles. Elles aussi envoient leurs exploratrices prospecter les champs et dresser le relevé des réserves. Et c'est avec des trompes forant le cœur des fleurs qu'elles en extraient industriellement le suc. Mais quelques différences majeures séparent la butineuse des Majors pétrolières. Le pollen contrairement au brut est renouvelable. En le récoltant les abeilles fécondent. Elles produisent la gelée pour nourrir une seule d'entre elles et ne somment pas la Nature de suppléer à l'insatiabilité de toute la colonie.

Les paysans sont des passementiers, ils cousent sur l'étoffe des versants les pièces multicolores des parcelles. Nous faisons ce que je ne fais jamais lorsque j'avance plein de rage, brûlant la cervelle de chaque étape. Nous nous arrêtons au bord des rivières, marquons des haltes à l'ombre d'un charme, déjeunons sur l'herbe. Énergétisme des heures passées dans la nature. Le corps prend racine. Les liens qui l'attachent au sol repoussent. En ville, la faucille de la culture s'acharne à les cisailler. Une heure passée sur un carré d'herbe n'est jamais perdue.

Tout ravit mon œil. La course des nuages et celle des lucanes. La révérence des graminées dans le vent, la discipline des fourmis, le vol des oiseaux qui écrivent des phrases sur la page du ciel. Je pardonnerais presque aux épeires d'être si terrifiantes. Sous la plume de Knut Hamsun, le vagabond cheminant dans la lumière du nord tient « compte de chaque caillou, chaque brin d'herbe, et eux, à leur tour, semblent tenir compte de moi. Nous sommes de vieilles connaissances ». Il y a dans la capacité d'émerveillement l'un des secrets de l'énergie vitale. Quelques rares êtres réussissent à se maintenir en perpétuel état de reconnaissance devant le cours des choses, à « tenir [leur] âme en haleine » selon Montaigne. Non pas qu'ils aient affûté leurs yeux à mieux regarder le monde ou qu'ils possèdent une prédisposition au métier de spectateur mais parce qu'ils éprouvent en eux l'unité du vivant. Ils se sentent intégrés à la valse solaire. Ils se savent dépendre de l'astre autant que le chêne et le lombric. Ils développent corps et âme une capacité extrême de réception des signaux du monde extérieur — de ses parfums, de ses couleurs et de ses formes. Ce n'est pas tellement que leurs yeux se tiennent grands ouverts. C'est plutôt qu'ils deviennent eux-mêmes œil ouvert. Ils regardent de toute leur âme, écoutent de tous leurs yeux, reçoivent de toute leur chair. Le monde leur saute au regard comme un enfant heureux vous sauterait au cou. Ils brûlent de l'inépuisable appétit de toujours découvrir quelque chose de nouveau.

Pour réussir un bivouac, il faut un sol confortable, un silence épais et, en toile de fond, un décor grandiose. Un soir, au bord de la rivière Karasu qui deviendra l'Euphrate, nous réunissons ces trois ingrédients. Un pêcheur lance son épervier d'un geste éphémère. Derrière lui, les necks basaltiques encadrent leur silhouette immortelle dans l'ouverture de la rivière. Une grosse vache crevée montre au ciel l'île déserte de son ventre. Des freux attendent pour lui crever le bidon. Un coup de bec et pfuit ! Nous nous baignons en aval du cadavre. Pas pire que de barboter dans le Gange, ce filet de morve. Par un hasard de la perspective le soleil se fiche sur la pointe d'un minaret. Bilboquet cosmique.

— Pourquoi voyagez-vous à vélo ? dis-je aux Suisses le lendemain.

— Par idéologie.

S'il existe un dieu de l'énergie, régnant dans les éthers éléctromagnétiques, c'est lui qui a mis Lise et David sur mon chemin. Les deux amants se passionnent en effet pour les enjeux de l'énergie et nos conversations, le soir, nous tiennent éveillés jusqu'à la verticale de la lune. Ils travaillent à faire connaître le concept d'énergie grise. « La vache du riche mange le grain du pauvre », martelait en son temps l'agronome René Dumont. À cause de l'entretien des pâtures, de la fertilisation des terres, des travaux d'abattage, du transport de la viande, l'énergie dépensée pour produire cinq cents grammes de steak est supérieure à celle contenue dans ses propres tissus. Ce passif est appelé *énergie grise*. L'impact négatif d'un produit sur l'environnement est proportionnel au montant de son *énergie grise*. Cueillir une fraîche noisette dans un sous-bois d'automne pèse moins sur le destin de la Terre qu'avaler en Autriche un faux-filet letton élevé en batterie, bourré de compléments alimentaires espagnols et conditionné par des prolétaires tamouls dans une usine d'empaquetage des faubourgs de Rostock, Mecklembourg. La viande — plus gros pourvoyeur d'énergie grise — devrait être rouge de honte.

Les moustiques ont le bon goût de lancer leurs assauts sur la peau de Lise. Ils se nourrissent à la source, il n'y a aucune énergie grise dans le sang qu'ils pompent. Leurs vrombissements inspirent une solution : l'entomophagie. Sur le bord des routes d'Asie du Sud-Est, des enfants aux bras dorés vendent des brochettes de sauterelles grillées ou d'araignées sautées dans l'huile. L'industrie de l'insecte ne comporte que des avantages : les coûts de production sont faibles, les élevages non polluants, la surface agricole utilisée insignifiante, et les émissions de méthane nulles. Les denrées contiennent une haute teneur calorique. En Occident, hélas, l'obstacle culturel empêche l'idée de progresser. Dix mille années de chasse dans les forêts giboyeuses nous ont habitués aux salaisons. Il sera difficile d'oublier l'ortolan pour accepter la blatte, de troquer le rôti pour l'élytre. L'entomophagie est l'avenir de l'humanité. En outre, elle nous venge à l'avance des asticots.

Le lendemain, nous descendons de front le cours d'une vallée aux versants arides. Des coulées de végétation cascadent vers la rivière comme des langues qui voudraient s'y désaltérer. J'écoute Lise et David me confier leurs espoirs dans le développement durable. En Suisse, tous les deux œuvrent à la promotion de ce concept. Ce mot, je m'en méfie comme de tous les cache-sexes. Le développement durable est le baume appliqué sur leur mauvaise conscience par des Occidentaux désireux de continuer à jouir sans que ne retombe vraiment la fièvre du monde. Le terme cache le vœu d'ajuster mieux les rênes pour maintenir la course de l'humanité le plus longtemps possible. Pas la moindre intention d'en arrêter l'emballement. « Jouissons sans entrave », clamaient les slogans de Mai 68. Jouissons plus intelligemment pour jouir plus longtemps, répondent en écho les chantres de la durabilité. Le principe ne remet pas en cause la marche du monde, mais propose de légers aménagements de la fuite en avant, quelques infléchissements comme les touches prudentes d'un pinceau pointilliste. L'essentiel ne serait pas de changer de cap, mais de ralentir le rythme pour permettre à l'orgie de se poursuivre *durablement*.

Qu'imagine-t-elle, cette poignée d'Européens ultra-éduqués, dont les membres forment le *boy's band* du développement durable ? Que les discours citoyens, les actions individuelles, les comportements vertueux enrayeront le pillage des ressources ? Que pourront les intentions de quelques hommes lucides et de bonne volonté devant la course aux réserves ? Se rend-on bien compte de la charge énergétique contenue dans le marché de Rawalpindi, de la frénésie consommatrice d'une seule rue du quartier commerçant de Hong-Kong ou d'un quai du port de Bombay ? Se rend-on compte que des Moluques au Balouchistan, des milliards de postes de télévisions serinent à des milliards d'enfants que le bonheur est dans le supermarché. La télévision désigne le but : atteindre la prospérité de l'Occident. L'Europe a montré la voie, elle explique depuis des décennies aux spectateurs ébahis par son succès comment jouir le mieux possible et transformer la richesse en temps libre et le temps libre en loisir. Le *western style* est devenu fantasme. La télévision jette de l'huile sur le feu de l'Envie. Le souhait d'accéder aux niveaux de vie occidentaux génère dans le cœur des hommes, de Bamako à Bogota, l'énergie la plus puissante qui soit, celle qui mène le monde selon René Girard : l'énergie du désir mimétique. Elle amène l'homme à lutter non pas tant pour l'objet que pour sentir la satisfaction de posséder autant que celui qui possédait autrefois plus que lui.

Or, pour la première fois, le rêve est à la portée de main de milliards d'êtres humains. Dans le moindre faubourg de la Chine, des millions d'hommes et de femmes travaillent d'arrache-pied à jeter les fondations des centres commerciaux que leurs enfants videront. À Delhi, à Calcutta, des femmes en saris ont compris qu'elles étaient presque arrivées à la porte de Disneyland et à deux doigts d'accéder enfin à la clé du bonheur : un caddie. Le rêve de leurs époux : posséder une voiture individuelle avec laquelle, chaque soir, ils rejoindront le serpent des embouteillages pour *faire un tour en ville* dans les mégapoles congestionnées. Et les durables développeurs enfin décillés parce qu'ils souffrent d'indigestion et sont écœurés d'avoir tant joui prétendent empêcher les Chinois et les Indiens d'ouvrir à leur tour la bonde de la corne d'abondance ?

En Asie, les estomacs ne crient plus famine, mais les cerveaux eux, savent que le temps est enfin venu de profiter de la vie. La classe moyenne mondiale s'ébroue. Elle se tient sur le seuil du XXIe siècle, les yeux brillants d'envie, comme la figure du Travailleur se tenait à l'aube du XXe siècle, les bras luisants de cambouis. Toutes deux sont des titans, lorgnant sur le festin toujours promis et toujours différé. Cette énergie de la soif, de l'envie, de la salivation s'accumule à un extrême degré de concentration de l'un à l'autre bout des pays de la terre.

Au début du XXe siècle, les artistes aux nerfs à fleur de peau ont senti la corde du monde se tendre jusqu'à la rupture. C'était au temps où les bielles tournaient dans le fracas des fabriques, où la puissance des nations se mesurait au rendement des laminoirs. Prokofiev dans la démence de ses sonates, Mahler dans la houle de ses symphonies reproduisaient le tambourinement des pistons et des machines-outils qui annonçaient la catastrophe. Les jeunes peintres viennois se suicidaient. Les poètes russes démantibulaient les vers. Le Léviathan de l'industrie fourbissait les armes des guerres mondiales. « L'afflux d'énergie, écrit Ernst Jünger dans *Passage de la ligne*, augmentait continuellement de façon menaçante. »

De la masse prolétaire se dégageait une force intense. La foule n'avait-elle pas le pouvoir de devenir « un agent de souveraine volonté, forçant la matière à obéir[1] ». Maxime Gorki, la sensibilité chauffée à rouge, percevait à tel point la puissance magnétique de l'être qu'il échafauda une théorie psychophysique de l'énergie : « Je préfère m'imaginer l'homme comme un appareil qui transforme en lui ce que l'on appelle la matière morte en énergie psychique et qui un jour, dans un avenir incommensurablement éloigné, transformera le monde entier en pur psychisme... Toute la *matière*, engloutie par l'homme, sera transformée par le cerveau en

---

1. Émile Zola, *Lourdes*.

une unique énergie psychique. » Bref le temps était à l'espoir, l'homme allait transfigurer le monde, lui donner des ailes, le recréer même « d'après une autre volonté[1] ».

Faut-il être caparaçonné pour ne pas éprouver aujourd'hui les symptômes d'une nouvelle mise sous tension de l'humanité surpeuplée ? Ce ne sont plus les idéologies qui l'agitent, ni l'enthousiasme messianique qui la soulève, ni l'agressivité des gouvernements qui la secoue, ni les nationalismes qui la traversent, mais l'immense pression de ses besoins croissants et l'exaspération d'avoir tant attendu pour les satisfaire. « L'ère des Titans qu'annonce Hölderlin, poursuit Jünger à la fin de sa traversée du siècle, n'est-ce pas une ère de course effrénée aux ressources[2] ? »

La terre ressemble à cette boule en flammes qu'une revue publiait dans un numéro consacré aux énergies. La Terre brûle parce que l'humanité salive. Que pèsent dans l'incendie les pompiers du développement durable ?

Parons tout procès en défaitisme, toute accusation de nihilisme. Il y a une alternative à la tiédeur du développement durable. Des penseurs ont forgé la théorie de la décroissance. Au lieu d'accompagner le progrès en l'affublant d'autres noms ou en l'ornant d'hypocrites oripeaux, clament-ils, faisons

1. Émile Verhaeren.
2. *Les Nouveaux Titans*, Grasset.

marche arrière ! Déconstruisons le temple que nous avons bâti ! Démontons la machine qui nous mène à l'abîme. Puisqu'il est impossible de prévoir la prochaine crise mondiale, créons nous-mêmes les conditions de la faillite et ralentissons nos existences. L'idée est belle car radicale. Sur le pont du *Titanic*, les tenants du développement durable auraient demandé au capitaine d'aller un peu moins vite, à l'orchestre de jouer moins fort. Les francs-tireurs de la décroissance, eux, seraient descendus dans les cales, chignole à la main lorsque le bateau était encore à quai, et en auraient percé la coque avant que l'iceberg ne remette bon ordre à la folie commune.

Mais la théorie de la décroissance se heurte à un écueil incontournable. Personne ne veut initier le grand chantier du ralentissement. La modernité repose sur le principe de la rivalité mimétique. La consommation nous enjoint d'accroître nos possessions non pas pour profiter de leurs bienfaits mais pour nous maintenir au même niveau relatif de jouissance que nos voisins. En théorie, chacun est d'accord pour abaisser la température des moteurs de nos existences, vivre sans pétrole, bannir le plastique. Mais à la condition de n'être pas le seul. Aucun individu ni aucun peuple n'accepterait d'être le dindon de la farce, vivant chichement dans un poulailler où la fête continuerait. Décroître oui, mais pas seul. Et personne ne commencera.

Il existe deux autres voies pour mettre un terme à l'insulte faite à la Terre. Une infime poignée de vagabonds, racleurs de vents et princes des cabanes, nous indique le chemin qui mène à la première. Ils vivent et courent dans les bois, se nourrissent de soupe à l'ortie, loin des impératifs de la religion, des commandements des marchands et du désespoir urbain. Ils se sont exclus de la spirale énergétique. Si toute vie laisse une marque sur la peau de la Terre comme le harpon sur le cuir des cachalots, au moins l'entaille des vagabonds est-elle superficielle. Dersou Ouzala et ses fils spirituels n'ont pas besoin de brandir les oriflammes du développement durable ou de la décroissance soutenable. Ne se rendant pas aux manifestations écologiques à bord de leur voiture, n'utilisant pas d'ordinateurs pour diffuser leurs idées, ils sont les seuls à pouvoir légitimement argumenter sur le sort de la Terre. Mais ils ne s'expriment jamais car ils ont décidé que leur vie tiendrait lieu de discours. Ils sont tellement peu nombreux que les larmes coulent lorsque nous pensons à eux.

La seconde issue préconise de consommer toujours plus. Dans la meilleure hypothèse, les réserves pétrolières n'offrent plus qu'un siècle d'exploitation, les gisements d'uranium seront épuisés dans 80 ans et plus aucun filon de gaz ne chuintera dans trois générations. Précipitons donc la fin de nos maux : accélérons l'épuisement des ressources ! Ouvrons les vannes. Que tournent les moteurs. Que dégueulent les *pipes* et flambent les torchères ! Une fois l'humanité acculée à des nappes vides, la tentation de sucer le brut toujours plus profond pour alimenter notre plaisir aura disparu. Il ne sera alors plus temps d'organiser un *commerce équitable*, une *réduction des impacts* ou un *échange éthique*. Mais il sera question d'imaginer vraiment un autre monde.

Cette conversation nous mène au croisement de la route de Tunceli. Le BTC continue sa lancée plein ouest, en direction de Sivas. Là, il amorcera une vaste courbe vers la Méditerranée. Ce détour permet au tube d'éviter le Kurdistan. Au sud, une vallée s'enfonce dans la région meurtrie par vingt années de lutte armée. Un barrage militaire en garde l'entrée. Au-delà, une piste grimpe vers un col à deux mille mètres. Je décide de m'enfoncer dans ce pays que le BTC contourne. Plus tard, en tirant vers le sud-ouest je rejoindrai le tube avant qu'il n'arrive à Ceyhan.

X
Kurdistan

Au col de Pülümür, tenant une position ouverte sur deux vallées, un bastion militaire crénelle les hauteurs. Vers le sud, le pays des Kurdes couvre cent cinquante mille kilomètres carrés. À Ankara, on se garde bien de prononcer le mot. Pour évoquer les quinze millions de Kurdes, les kémalistes préfèrent user du terme *Turcs des montagnes* afin de ne pas conforter leurs ennemis dans l'inclination autonomiste. L'hostilité entre les Turcs et les Kurdes remonte bien au-delà des affrontements des années quatre-vingt et même au-delà de l'humiliation du traité de Sèvres qui stipulait la création d'un État kurde et que ne respectèrent pas les jeunes Turcs d'Ataturk[1]. La haine des deux peuples raconte

---

1. « Art. 62. — Une commission [...] préparera, dans les six mois à dater de la mise en vigueur du présent traité, l'autonomie locale pour les régions, où domine l'élément kurde, situées à l'est de l'Euphrate, au sud de la routière méridionale de l'Arménie, telle qu'elle pourra être déterminée ultérieurement, et au nord de la frontière de la Turquie avec la Syrie et la Mésopotamie, conformément à la description donnée à l'article 27, II-2° et 3°. »

l'immortel conflit entre le Turco-Mongol et le Perse. Le premier déboulant du fond de la nuit altaïque, poussé par l'onde de la conquête cavalière. Le second, descendant des peuples indo-iraniens, et qui subit un jour le tsunami des hordes aux yeux bridés dont les chroniques médiévales racontent qu'on en percevait l'odeur plusieurs heures avant que ne s'abatte le fer.

La région de Tunceli fut l'un des théâtres les plus sanglants des combats entre les Kurdes du PKK et le gouvernement. Sur la route, à heures régulières, convois militaires, patrouilles et barrages de l'armée. Bien qu'Oçalan, icône guévariste des indépendantistes kurdes, ait été arrêté en 1999, les échauffourées tuent chaque semaine militaires et guérilleros. Des deux côtés, trente mille personnes ont déjà payé de leur vie le prix de la guerre déclarée en 1984 par les révolutionnaires du PKK contre le pouvoir central. Le détour que s'inflige le Bakou-Tbilissi-Ceyhan vise à éviter le Kurdistan.

Au-delà du col, l'asphalte. La maîtrise des territoires kurdes passe par le revêtement. Tous les gouvernements du monde occupés à asservir une ethnie récalcitrante commencent par bitumer les pistes. Le chantier s'intitule en général « Programme de développement des régions reculées ». L'asphalte permet de transporter les troupes plus facilement.

La vallée de Pülümür est un livre ouvert qui raconte les batailles entre les forces érosives et les poussées tectoniques. Les unes œuvrent pour rejoindre le ciel. Les autres sapent tout effort d'élévation. Le ciel jalousement ruine les efforts de la Terre. Le champ de bataille est superbe : la route serpente entre anticlinaux, clues et fractures de roche rouge sang. Les rocs éboulés dessinent des échauguettes sur le fil des arêtes. La géologie a aménagé un paysage de citadelles. Les strates plissent les parois de rides comme sur un front soucieux. Au bord de la rivière, des terrasses boisées, recouvertes d'herbe sèche, appellent à des bivouacs heureux.

Pour ne pas risquer de visites nocturnes je cache mon vélo dans un bosquet de roseaux et traverse la rivière, sacoches sur le dos, eau à la taille. Sur l'autre rive, un replat donne sur la forêt. J'y installe mon camp. Le bourdonnement de la rivière s'invite sous mon crâne et finit par alimenter le moulin de mes rêves.

Des ânes chargés de bois, menés par des enfants, remontent vers des villages clairs, accrochés aux versants. Les branches de saules et de peupliers alimenteront le foyer familial. Chaque jour les fillettes et les femmes assurent l'approvisionnement de ces deux éléments nécessaires à la vie : l'eau et le feu. À moins de cent kilomètres de là, le BTC crache son huile. Deux éléments s'opposent : le brut contre le bois. Deux outils pour les transporter : l'âne contre le tube.

Les populations rurales des pays pauvres ne participent pas à la ponction des ressources souterraines du globe. Mais elles subsistent en prélevant la biomasse. Près de deux milliards et demi d'êtres humains utilisent la végétation comme source principale d'énergie. Cette coupe réglée de la chevelure de la planète arrache les sols, stérilise les terres, fait reculer les forêts. Le derrick n'est pas seul responsable du meurtre de la terre. Qu'on soit australopithèque traquant la baie dans les baliveaux, africain consommant 500 kWh par an ou européen en brûlant 8 000, on est assis au même banc, convive du festin de la prédation.

Dans la région d'Elazig, l'air est si chaud que le goudron colle aux pneus. Dans la descente vers le lac de retenue de Keban, l'atmosphère en fusion brûle les yeux. La décision de couvrir l'Anatolie d'un manteau de barrage remonte aux années 1980. Le projet GAP poursuit le triple objectif d'irriguer les terres sèches, de pourvoir la Turquie en électricité et d'affirmer le pouvoir d'Ankara sur les plateaux rebelles du Sud-Est. À côté des 32 milliards de dollars engagés dans la construction de vingt-deux barrages, le chantier de l'oléoduc Bakou-Tbilissi-Ceyhan semble une opération de cavalerie légère. Des îles rocheuses surnagent sur les plans d'eau lisse. On dirait les vaisseaux d'une flotte surréaliste voguant à la surface d'un rêve calme. Le paysage est pétrifié dans la chaleur et la lumière. Un ferry-boat traverse le lac. Son sillage est la seule ligne vivante de ce panorama fossilisé par la cuisson du ciel.

Des militaires contrôlent les passages. L'un d'eux parle un anglais parfait.

— Je suis étudiant en philosophie politique et je fais cinq mois de service. On m'a nommé ici, au fond du trou le plus reculé.

— Vous avez des livres ?

— J'ai emporté Spencer, Max Weber et Fourier mais je suis trop fatigué pour lire. On manque de sommeil. Je suis heureux de prononcer leurs noms à haute voix devant ce lac.

Au sommet de l'île centrale veille une citadelle en ruine, épargnée par la montée des eaux. Les ingénieurs du GAP prévoient d'achever l'opération en 2010. Alors 1,7 million d'hectares de terres seront irrigués et les turbines injecteront dans les transformateurs du pays 27 milliards de KW annuels. Mais située en aval du bassin-versant, la Syrie voit d'un œil inquiet baisser le débit des eaux de l'Euphrate. L'énergie blanche produite par les barrages accumule la rancœur dans les esprits syriens et déclenchera peut-être un jour la sombre énergie d'une guerre, pour régler par le feu la spoliation des eaux.

La ville d'Élazig est en deuil. Des soldats du pays ont été tués dans les montagnes par les activistes kurdes. Je ne m'attarde pas dans les rues où se déroulent les cérémonies. Je suis peu sensible à l'élévation des sentinelles malchanceuses au rang de martyres de l'État.

Le ciel est forge, la route enclume et le soleil martèle le fer rouge de mon crâne. Halte à Malatya. J'erre dans le bazar, en quête d'un carré d'ombre fraîche pour faire descendre la température de ma tête. Les Turcs se plaignent de la canicule abattue ici depuis quatre jours. À l'entrée de la ville, j'ai vu un chien couché dans l'ombre d'un âne debout contre une vache.

S'ajoutant à l'épaisseur de la glu atmosphérique, à seize heures, retentit l'appel du muezzin. Je lève les yeux vers le minaret, ce mirador point destiné à surveiller que la foi chemine bien vers les cœurs mais que les fidèles s'acheminent bien sous les coupoles. Un premier filet de voix tombe du ciel bientôt rejoint par les autres incantations qui naissent une à une de chaque point cardinal. L'écheveau des chants finit par se fondre en une mélopée dissonante. Elle pénètre le crâne comme une coulée de plomb brûlant. Faut-il donc qu'on doute à ce point de la grandeur de Dieu pour devoir la proclamer publiquement, cinq fois dans un seul jour ?

Village de Golbasi. Un imam hurle dans la chaleur. Une retenue procure un peu de fraîcheur à cinq cents mètres du centre. Pourtant, pas d'eau courante. Des femmes reviennent de la corvée et passent devant un café, jerrican sur l'épaule, traînant une carriole de bidons. Sur la terrasse, des hommes égrainent frénétiquement le *tasbih*, chapelet musulman. De leur main libre, ils se lissent la moustache. Parfois, ils tendent le bras vers le verre de thé. Malgré les houles d'amour et de bienveillance qui sous un effet de l'hydraulique de l'âme jaillissent de l'élan vagabond, comment ne pas concevoir un léger écœurement devant le déploiement de ces virilités, pleines d'affection pour elles-mêmes mais infoutues de manier la pioche pour soulager le dos des femmes ? Ella Maillart remarquait déjà ces hommes sous le soleil d'Islam dont les efforts quotidiens consistaient à se déplacer pour rester à l'ombre d'un arbre. Ce soir, je cherche et trouve un carré d'herbe à la verticale d'un champ d'étoile pour y dormir seul, loin des hommes et de leur culture.

Dans le fleuve des heures identiques, je me remémore les jours passés. La mémoire garde trace de chaque étape d'un voyage au long cours. Comme si le mouvement avait le rôle d'un fixateur de souvenirs ou que le temps, lorsqu'il était mesuré par le défilement de l'espace, ne se dissolvait plus dans l'oubli. La route intensifie les événements de la vie. Cette densification du cours des choses contribue à les graver dans l'esprit.

La chaleur, hélas, m'empêche de bien concentrer mes pensées. Le jour où je quitte Malatya, les thermomètres montent à 52 °C. Ces températures découragent tout effort mental. Dans la touffeur, les larves d'idées éclosent puis papillonnent. L'esprit volette sans se fixer nulle part. Les processus énergétiques tirent leur efficacité de leur concentration vers un but unique : une pensée en faisceau est plus forte que dispersée. Primat du laser sur la gerbe. Les pipelines symbolisent l'énergie canalisée, contenue entre les parois d'acier d'un cylindre, mise sous pression, guidée vers un objectif précis et qui finit par triompher de tous les obstacles.

Dans le rythme des villes, la vie ressemble à un champ de bataille sous le feu de l'artillerie, bombardé de discussions, saturé d'événements, alourdi d'échanges. Le voyage est un remède idéal pour vaincre la tentation de la dispersion qui menace nos vies urbaines. Il offre de revenir à la simplicité de journées tout entières consacrées à s'orienter, se nourrir et entretenir une conversation légère avec la Nature et les hommes. Nulle dispersion possible quand il s'agit de suivre une route. Le recours à la piste allège le fardeau du divertissement. La vie redevient simple. L'énergie retrouve sa voie. Débarrassée des scories qui l'encombrent, des efforts inutiles, des paroles superflues, la vie du voyageur se gonfle de sève. Principe de l'élagage : moins de branches, plus de force pour le tronc. Alors l'esprit concentré peut cheminer le long d'une route unique, et s'exercer tout entier à la plus belle vertu, la plus énergétique : être attentif.

La ville de Karamanhmaras dévale le talus d'une colline comme si un enfant géant avait jeté ses cubes le long d'un versant. J'abandonne ma bicyclette dans un hôtel et poursuis la route à pied. Ceyhan n'est plus qu'à deux cents kilomètres et je désire arriver en marchant au bord de la mer. Mes cartes topographiques sont trop anciennes pour m'être utiles. La vallée qui borde la ville a été inondée il y a quelques années. Les routes qui figurent sur mes cartes n'existent plus. Une journée d'errance sur les rives pour tenter de comprendre la nouvelle disposition des lieux me ramène sur mes pas. L'eau a envahi le bras de chaque vallée et me barre le passage vers le nord. Bivouac morose sur le rivage, en face d'un village. Allah ! Allah ! hurlent les muezzins comme des naufragés accrochés à leurs mâts. Le lendemain je contourne le lac par le sud. Je marche à travers les chaumes.

Un vent violent s'est levé qui emporte la poussière des champs. Cette énergie considérable dispersée en rafales me désole. À quoi peut bien servir le vent ? Il fertilise les fleurs, transporte les insectes, annonce aux herbivores l'approche des grands fauves, accélère l'automne en secouant le houppier des arbres. Il érode les versants sableux, rafraîchit les fronts des paysans en sueur. Sans lui, pas de marine à voile. Les travaux des cartographes en auraient été entravés, les femmes bretonnes moins tristes, les guerres moins meurtrières, les conquêtes plus lentes. Les marchands auraient dû recourir à la force des rames ou continuer à affréter des caravanes terrestres. Quelques banlieues industrielles seraient davantage enfumées qu'elles ne le sont. Il aurait fallu inventer autre chose que les drapeaux pour faire claquer la fierté des pays. Les troupeaux de nuages ne circuleraient plus dans le ciel. Sur le sol, la lumière ne danserait plus à leur passage.

Deuxième bivouac au bord du lac après cinquante kilomètres de marche. Je dors sous des pins d'Alep. Je déloge un stellion en installant ma tente. Beaux reflets bleus sur son dos. Il revient me visiter, en rêve pendant la nuit.

Je rejoindrai le Bakou-Tbilissi-Ceyhan quitté il y a plus d'une semaine en traversant le massif qui borde le flanc septentrional du lac. Mais les gardes armés qui contrôlent l'accès au barrage me barrent la route. Le directeur de la station hydroélectrique est prévenu. Cinq minutes plus tard, nous tenons cette conversation :

— Je ne peux pas vous laisser passer, dit-il
— Pourquoi ?
— Parce que de l'autre côté, il n'y a qu'une piste technique à travers bois. Vous êtes français et votre gouvernement soutient les Kurdes et il y a eu les attentats déjoués à Londres hier et en outre les pays de l'Union européenne ne mesurent pas la puissance de la Turquie.

Je suis devant l'un de ces paranoïaques rendus fous par l'isolement. Accablé d'oisiveté, oublié par l'administration, il abuse de sa fonction. On lui a donné un barrage à garder, il entend boucler la vallée. La solitude, l'éloignement, la petitesse de la tâche et la grandeur de l'environnement finissent toujours par taper sur la tête des sentinelles à qui on confie le soin de veiller sur le vide. Ce flic dans l'âme qui règne sur un mur de béton au fond d'une vallée sombre passe quelques coups de téléphone à sa hiérarchie et, finalement, flanche. Je traverse le tablier du barrage escorté par un garde en armes. En face, une piste en lacets s'élève sous les pins. Lorsque je m'adosse à un arbre, les cigales s'arrêtent de striduler, puis elles s'habituent à ma présence et reprennent leur scie. Les falaises encharpées de brumes et piquetées de pins suspendus prennent des airs d'estampe chinoise. Mais nul peintre barbichu ne trottine sur les chemins, comme dans les contes zen, pinceau de bambou dans la poche. Pendant trois jours, je relie des villages heureux d'être accrochés au balcon des forêts. Je m'abreuve aux sources. Sur le seuil des maisons, on me tend des verres d'*ayran*, lait fermenté qui rafraîchit le corps. Hélas, il y a toujours, flottant au-dessus de la légèreté de ces journées vagabondes, une ombre mauvaise : l'insulte faite aux femmes dans les fermes où l'on m'accueille. Cette manière de leur demander le thé comme je ne réclamerais pas le journal à mon chien. Cette façon de tendre les restes d'une assiette de raisin aux fillettes comme je n'oserais déposer le picotin d'avoine au pied de mon cheval. Gorki encore à la rescousse pour chasser ces vilaines visions : « Il est singulier et rebutant d'entendre quelqu'un qui est né d'une femme, et a été nourri de ses sucs, salir et mépriser sa mère en lui déniant tout, hormis la luxure, et en la rabaissant au niveau d'un animal stupide[1]. »

Peut-être était-il nécessaire de tenir les femmes dans l'ombre des campements au temps où les hor-

---

1. *Une confession.*

des battaient les steppes. La menace des razzias planait alors sur le destin des peuples. L'homme risquait la vie à défendre sa tente. Mais aujourd'hui ? Tenir le voile pour une nécessaire protection du visage c'est avouer que le regard est sale.

À Chokâle, les enfants installent une grande table sur la place du village et nous restons, l'imam, le professeur et quelques fermiers, ensemble, dans le silence. Le soir ne fait aucun bruit en tombant. Nous goûtons le thé, l'amitié. Parfois, un bombyx grille dans la flamme d'une lampe tempête. À neuf heures, les hommes vont prier. La nuit est saupoudrée d'étoiles. Est ce Dieu qui nous jette sa poudre aux yeux ?

L'imam dit :

— Après la prière, tu peux t'installer dans la mosquée et y dormir. Demain matin, on priera doucement, on ne te réveillera pas.

Mais le lendemain, à l'heure de la prière, je suis déjà en route, goûtant la tiédeur relative de l'aube. La montagne s'effondre dans la plaine de Kadirli. La chaleur est si forte que j'ai l'impression de passer la journée à tremper dans un bain. J'abats près de 50 kilomètres quotidiens. Je m'esquinte dans la joie, heureux d'efforts. J'ai rejoint le tracé du tube. Les légers renflements du terrain, de loin en loin, signalent sa présence. Ils me manquaient. Des citadelles de l'époque géorgienne coiffent des éminences. J'emprunte des pistes campagnardes, au plus près du pipeline, dans la platitude des champs de maïs.

Les cultures intensives de la plaine de Ceyhan produisent des tiges si lustrées qu'on les croirait en plastique. Dans le village de Bitkent, des enfants (de quels mélanges tirent-ils le bleu de leurs yeux ?) m'emmènent me baigner dans le courant de la rivière Ceyhan. Pendant que le muezzin éructe dans le ciel, j'exulte au fond de l'eau. Je me fais nasse et le courant me régénère.

Je marche depuis longtemps sur la piste quand le bruit d'un moteur monte dans mon dos. Une asphalteuse dégueule sa glu sur le sol. Des petites giclures de goudron maculent les plants de maïs. J'assiste à l'agonie d'une piste agreste. Les semelles des piétons ne lèveront plus à la surface du sol ce petit voile de poussière, la respiration de la marche. La ville tire sa langue noire jusqu'au fond des campagnes. Les gosses qui jouaient dans l'eau de la rivière pourront désormais rejoindre la ville pour branler les joysticks des cybercafés de Ceyhan. Je foule l'asphalte encore chaud. J'avance sur le progrès en marche. Le camion continue sa course. Destin du pétrole : être arraché du repos souterrain pour finir épandu sur le sol, offert à la gomme des pneus.

Comme dans toutes les bourgades de Turquie, à Ceyhan, les cybercafés fleurissent. Des garçons anémiés y passent des jours entiers, dos rond, œil fixe et mains fébriles devant l'écran blafard. À la fermeture, tard dans la nuit, on assiste à l'étrange procession de zombies jetant sur le monde où ils replongent de tristes yeux cernés.

Dans nos villes, aux autos le soin de nous transporter, aux radiateurs de nous chauffer, aux rayons des supermarchés de nous nourrir. L'homme urbain ne produit plus d'énergie pour assurer sa propre survie. Son bras n'abat pas l'arbre, ses jambes ne courent plus les taillis, son dos ne porte plus les charges. La dépense énergétique est assumée par machines. L'énergie se déploie à l'extérieur des êtres. Otanchié, nomade kazakh, me disait un jour que nous chevauchions dans les Monts Célestes : « À Paris, vous dormez. »

Par un principe d'entropie appliquée aux groupes humains, au fur et à mesure que l'énergie du monde s'accumule dans le ciel, vibre dans les cités, s'amasse sur les routes, l'énergie diminue dans les êtres. Les villes clignotantes, rugissantes de circulation, vibrionnantes d'activité recrachent des enfants obèses, assommés de désirs, enfiévrés d'envies et dont le ressort énergétique sidéré de graisse s'éteint au fond d'eux comme la flamme d'une lampe tempête gorgée d'huile.

Pour ne pas passer la nuit à Ceyhan, je marche jusqu'au village suivant et m'endors sous une tonnelle de raisin blanc. Plaisir de vagabond : dénicher une couche nouvelle. Ne jamais tirer sur soi que trois sortes de couvertures : celle du ciel étoilé, des végétations et — en pis-aller — celle de la toile d'une tente. Bashô, ange du chemin, dans ses *Règles du pèlerinage poétique* conseille de « ne pas dormir plus de trois nuits de suite dans la même auberge ». Le goudron de l'habitude risquerait de profiter de la halte pour vous coller les ailes...

Le lendemain à quatre heures, les prières d'un vieux Turc me réveillent. Les haillons de l'aube passent déjà à travers la vigne vierge. L'homme est sec comme un chat. J'ai dormi sous l'auvent de sa ferme. Dans l'air bleu du matin nous buvons un thé noir. Bilal est propriétaire terrien. Le temps a labouré son visage et creusé des sillons dans la viande. Il a vécu chacune de ses quatre-vingt-sept années à la ferme. Il la tient de son père, la léguera à son fils. Le petit-fils, lui, est déjà un coureur d'asphalte. Reviendra-t-il s'occuper de la ferme ? Ceyhan est si proche et si riche en sirènes... L'écran attire l'enfant davantage que le champ. Lâchera-t-il le joystick pour l'araire ?

Le vieux ne laisse pas l'arthrose commander le cours de ses journées. Il m'affirme pouvoir encore monter à cheval. Devant Dieu, il se prosterne avec agilité. La foi coranique demande beaucoup de rigidité morale et de souplesse physique. Les pieux mahométans feraient de bons yogistes. La volonté de Bilal est le jardinier de son corps. L'énergie que je décèle en lui et qui l'anime habite certaines vieilles gens qui jugent impérieux le devoir de se tenir bien droit jusqu'au bout de la course. La trière de leur existence ne baisse jamais le rythme et vise le cap jusqu'au dernier rivage sans jamais dériver. Péguy décrit ce refus de laisser l'inéluctabilité du temps triompher de la pauvre force humaine :

Pliés, cassés, meurtris, rivés à notre chaîne,
Nous ramerons du corps, de la nuque et de l'âme
Et nous tiendrons le coup sur notre banc de chêne.

Alexandra David-Néel, commandant une extension de passeport à l'âge de cent ans, Théodore Monod, préparant une nouvelle expédition à quatre-vingt-dix ans, Maurice Baquet cascadant sur la scène des théâtres à quatre-vingt-cinq ans, et ce vieil abbé de troupe se plaignant à quatre-vingt-quinze ans de ne plus avoir « ses jambes de quatre-vingt-dix ans » appartiennent à cette race de vieux immortels. Leur résistance est une ultime manifestation de la volonté. Recluse dans une carcasse qui implore grâce, l'âme convoque l'énergie du devoir, et proclame coûte que coûte, tel le prince hollandais : « Je maintiendrai ».

Dans l'infinitude des champs de Ceyhan, j'avance au pas lent du vagabond. Le pétrole nous a désappris que le monde était immense et que la patience du marcheur pouvait en venir à bout aussi bien que la vitesse de l'auto. Le moteur à explosion réduit en éclats le rapport naturel que notre bipédie devrait nous faire entretenir avec le temps et l'espace. Les fièvres modernes, les angoisses intérieures, ne viendraient-elles pas de ce que nous ne prenons plus la peine de marcher une journée entière ? Laisserons-nous le temps envahir à nouveau nos êtres ? Rééquilibrerons-nous la course de nos vies en renouant avec la lenteur ? Accepterons-nous d'user six heures d'efforts pour trente kilomètres ?

Enveloppé des haillons de mes rêves pèlerins, j'imagine que la première des révolutions post-pétrolières sera de rejeter des piétons sur les routes. Une fois la dernière larme de brut coulée, on sciera les feux rouges comme on jetait à bas, à l'automne 1991, les statues de Lénine dans les capitales socialistes. On détruira les ronds-points, ces verrues de l'aménagement. Les parkings seront reboisés et le silence rendu aux routes forestières. Les routes se couvriront à nouveau d'un flot de promeneurs, de chevaux, de charrois. Les hommes déboucleront la ceinture ombilicale de leurs bagnoles-utérus et redécouvriront que des pensées insoupçonnées montent à la surface de l'esprit quand le corps est en marche.

Rêve imbécile ! Dans les laboratoires, les cerveaux du monde occidental cherchent à dépasser les vieilles techniques de libération d'énergie fondées sur l'exploitation des hydrocarbures. Pour eux le règne des explosifs fossiles est dépassé. Ils préparent l'ère nouvelle. Pas question que la course du monde s'arrête, il suffit simplement de changer de carburant. Dans les installations de Cadarache, les physiciens du programme Iter (la *voie*, en latin) travaillent à maîtriser la *fusion nucléaire*. Lorsqu'ils parviendront à apprivoiser un plasma matriciel stable à une hauteur de 100 millions de degrés, ils pourront ioniser les atomes et les confiner dans un champ magnétique. Alors, ils organiseront la fusion du deutérium et du tritium (deux isotopes d'hydrogène). De ces épousailles naîtront un noyau d'hélium 4 et un proton[1]. Semblable à l'explosion astrale, la réaction libérera une énergie colossale. Nous mettrons le soleil dans nos moteurs ! Prométhée sera vengé de l'aigle. Obsédé par la question de l'énergie, George W. Bush disait au début de son investiture que « nos petits-enfants apprendront à conduire sur des voitures à hydrogène ». Nous n'abattrons donc pas les feux rouges.

Je rejoins la grand-route que longe le BTC vers le terminal maritime de Yumurtalik situé à trente kilomètres au sud de Ceyhan. Le Bakou-Tbilissi-Ceyhan prend source à l'extérieur de Bakou, évite Tbilissi et échoue au-delà de Ceyhan.

Sur la route : des bêtes écrasées. Chats, chiens, crabes d'eau douce, crapauds et alouettes tannés par le passage des pneus, étalés sur le plan lisse du goudron comme des portraits cubistes. La fumée des brûlis tire des rideaux noirs sur les parcelles en feu. L'écobuage est pourtant interdit en Turquie et des gendarmes essaient d'éteindre les incendies avec des lances à eau au jet trop faible. Les insectes fuient les flammes à grand bond. Passent des familles de gitans sur des side-cars *Planeta*. Ils sont juchés à

---

1. Pour plus de compréhension, le lecteur se contentera de retenir que deutérium + tritium = ^{4}He + n + 17,6 MeV (sachant que ^{4}He = hélium ou particule alpha de 3,5 MeV et n = neutron de 14,1 MeV).

sept ou huit sur les monocylindres agonisants. Ils se louent comme manœuvres à la récolte du coton ou des abricots. Malgré cette agitation, la chaleur impose le silence à la campagne entière.

À vingt kilomètres, la clarté du ciel annonce la mer. À la sortie du village de Demirtas, deux chiens m'attaquent. J'évite la morsure du plus gros en sautant dans un fossé. Mes lunettes se cassent dans la chute. L'un des chiens dévale le talus, par une pente praticable quelques mètres plus loin. Mon hurlement le tient en respect. Peut-être son cerveau reptilien y reconnaît-il un râle venu du fond de la préhistoire, précédant le coup de gourdin. L'autre chien, le plus gros, se porte à moi, crocs en dehors. Je lui fais face et vide le contenu de la bombe au poivre que je tiens fixée à la bretelle de mon sac. L'effet du produit n'est pas immédiat, le chien emporté par l'élan continue à s'approcher malgré le jet de mon arme. L'idée me traverse que le produit est inefficace. À un mètre, le dogue s'enfuit en hurlant. J'abats pitoyablement ces derniers kilomètres, boitillant de la jambe, le cul crotté et les lunettes cassées ruminant ma détestation des chiens. Ces bêtes serviles sont abâtardies par l'homme. On leur apprend à répondre aux caresses, à renvoyer du maître une image flatteuse, baveuse.

Le village de Yumurtalik est connu pour sa plage. On y vient se baigner des confins de Turquie. Les femmes nagent tout habillées, les hommes en slip de bain. Lorsqu'elles sortent de l'eau leurs longues robes collent à la peau. Soucieux de fixer cet instant dans ma mémoire je foule lentement le sable. La fin d'un voyage, cette petite mort. Sans même enlever mes chaussures, je m'enfonce dans l'eau, à mi-cuisse, sac au dos, chapeau sur la tête. Je suis un peu étourdi d'en avoir fini avec le ruban des pistes. Les voyages comme la vie se terminent toujours abruptement. La seconde d'avant, j'étais toujours en route, lancé dans l'aventure et puis, soudain franchie la langue du ressac, c'en est fait de mon périple. Lapalissade du vagabond.

Je repense à l'Aral, salue la Caspienne en pensée et jouis de la caresse de la Méditerranée. J'ai relié les trois mers et chacune des heures occupées à forcer les kilomètres prend un sens nouveau maintenant que je me tiens ici, à mon point d'arrivée vers lequel convergeaient le faisceau d'énergie et la cascade d'actions mises en œuvre pour y arriver. Ce soir, je vais dormir en sédentaire, profondément, sans la douce inquiétude de l'étape à venir. Je reste un si long moment dans l'eau, immobile, qu'un Turc me frappe l'épaule :

— Tout va bien ?

Je fête mon arrivée avec de la bière turque. Sur l'étiquette des bouteilles d'Efes, le croissant musulman est imprimé en dessous de la mention « 5 % d'alcool ». Un drapeau turc flotte au-dessus du port, éclairé par un projecteur. On dirait que la bouche du croissant essaie de croquer la petite étoile. Dans la nuit, le sourire de la lune.

Le Bakou-Tbilissi-Ceyhan achève ses 1 760 kilomètres de course à une dizaine de kilomètres du port de Yumurtalik. Les parois des cuves de stockage du pétrole caspien éclatent de blancheur sur les versants arides qui penchent vers la mer. Les cuves rouillées de l'oléoduc irakien reliant les champs pétrolifères de Kirkouk à Ceyhan reposent en voisines, abandonnées. Ce pipeline, construit en 1986, a coûté un milliard de dollars à la Turquie. Mais la guerre et l'embargo international de 1990 contre les Irakiens ont ruiné le projet.

— Quel malheur que cette beauté dormante, murmure Jale T., venue du bureau BP d'Ankara pour me faire visiter le site.

Jale aime les paysages industriels rutilants, elle y voit la grandeur du pays. Je les préfère abandonnés parce qu'ils m'évoquent le crépuscule des civilisations industrielles dont quelques débris, postés devant la mer, attendraient de disparaître, soufflés par le temps.

À Ankara, on ne perd pas l'espoir de réactiver ce pipeline. Dans le tube d'acier reliant les deux pays se déchiffre un vieux fantasme turc : annexer un jour le Kurdistan irakien, à la faveur du chaos de Bagdad.

Les oléoducs sont plus que des tubes d'acier. Souvent ils trahissent les visées, tissent à la surface du sol la carte des conflits futurs.

Des gardes armés patrouillent entre les réservoirs à hydrocarbures. Dans les broussailles, ils délogent daims et lapins. Au-delà des enceintes barbelées, la ligne de flammes des brûlis avance lentement. Le terminal est construit entre deux villages de pêcheurs d'où la vue porte sur une jetée de deux kilomètres de long. Elle projette les tubes du BTC vers le large. Un supertanker, le *Vladimir Tikhonov* amarré à l'extrémité de l'épi achève de recevoir l'or noir dans ses cales.

Une fois terminé le remplissage, j'assiste aux manœuvres destinées à éloigner l'immense bateau de la jetée. De la proue, le remorqueur où j'ai pris place pousse la masse de métal vers le large. Le tanker russe cinglera via Gibraltar vers l'Atlantique. Sur la ligne d'horizon, un bateau japonais, prêt à virer, attend que la place soit libre. Les pêcheurs, indifférents à ce ballet de monstres, ravaudent les filets sur le pavé du quai avec de très vieux gestes. Des pélicans, goitres pendants, somnolent, indifférents à l'agitation des hommes.

Nous revenons vers les quais du terminal. Le pétrolier russe, vingt-septième bateau approvisionné à la source du Bakou-Tbilissi-Ceyhan depuis la mise en service du tube en juillet 2006, s'éloigne. Dans quinze jours, il atteindra le golfe du Mexique. Le pétrole est destiné aux États-Unis. Ainsi, un peu du brut des sous-sols de la Caspienne rejoindra par-delà les houles atlantiques le plus vorace et le plus actif des pays.

Vingt pour cent des habitants de la planète se partagent les trois quarts des ressources. Ce chiffre ne cache pas seulement la cruauté de l'inégalité mais révèle l'étendue des besoins humains.

Six milliards et demi d'hommes brûlent chaque année 10 milliards de tonnes d'équivalent pétrole et 80 % de ce total proviennent de sources énergétiques qui dégagent dans l'atmosphère du gaz carbonique[1]. À la fin du XIXe siècle, les climatologues émettaient déjà l'hypothèse que l'augmentation de CO_2 dans notre ciel avait un effet sur la montée de la température globale.

L'effet de serre qui bouleverse aujourd'hui les équilibres climatiques provient de notre insatiabilité énergétique. Jamais expression ne fut mieux trouvée qu'*effet de serre*. Nous sommes comme tomates sous plastique : maintenus dans un impératif de croissance avec pour tuteur l'économie globale. Sans répit nous grossissons, légumes monstrueux prisonniers de la bâche céleste.

Le physicien anglais James Prescott Joule, fils d'un brasseur de Manchester, eut l'intuition à la fin du XIXe siècle qu'une certaine quantité de chaleur

---

[1]. Sur 10 milliards de tonnes d'équivalent pétrole (unité d'énergie thermique), 3,6 proviennent de l'utilisation de pétrole. Deux unités sur 10 n'émettent pas de CO_2 (hydroélectricité, nucléaire, bois) ; 8 en émettent.

pouvait être transformée en un certain montant d'activité mécanique. Dans une sorte de retournement littéraire du principe de la thermodynamique, on pourrait écrire cette nouvelle formule : c'est le travail et l'agitation fébrile de la fourmilière humaine qui augmentent la chaleur du monde.

Or les ventres des femmes continuent d'enfanter sur la terre. Parfois l'énergie de l'amour, cette volonté de reproduire à chaque naissance l'instant miraculeux de l'apparition de la vie, se retourne contre elle. La surpopulation gagne la terre. Personne n'a jamais relevé que le réchauffement climatique ressemble à une fièvre grippale. Lorsqu'un organisme vivant subit l'attaque d'un virus, la réaction inflammatoire augmente la température interne et la fièvre qui se déclare devient l'un des alliés de la lutte contre le mal. Le corps combat en se réchauffant. La Terre répondrait-elle par une poussée de fièvre au virus que constituerait l'humanité ?

Avec nostalgie, Claude Lévi-Strauss[1] se souvenait de la planète de sa jeunesse, du temps où le monde ne comptait que 2,5 milliards d'êtres humains. Immense était sa peine de voir un monde portant, à la fin du siècle, plus de 6 milliards d'individus. Quelle serait sa tristesse en 2050, lorsque les chiffres atteindront 8,5 et 9,5 milliards ? Michel Serres, lui, voyait dans la récente urbanisation des nations du

---

1. Claude Lévi-Strauss & Véronique Mortaigne, *Loin du Brésil*, Chandeigne.

monde et le gonflement monstrueux des mégalopoles la plus grande révolution comportementale humaine depuis le Néolithique. Souvent, dans un square ou dans la rue, je croise des vieux messieurs mélancoliques. Désormais je me dirai qu'ils méditent sur la fébrilité du monde.

À chaque vie donnée, augmentent les besoins. À chaque élévation des besoins, la production de CO_2 s'accroît et la température atmosphérique grimpe. Les prospectives les plus pessimistes prévoient que notre consommation d'énergie atteindra 30 milliards de tonnes d'équivalent pétrole en 2050. Les estimations moyennes n'en n'annoncent que 20 milliards. Dans les deux cas, ces taux dégageront dans l'atmosphère des seuils de CO_2 supérieurs à ce qu'elle peut absorber. En pillant la Terre nous avons rendu malade le ciel[1].

Le pire n'est pas toujours ce qu'il y a de plus probable. Pour enrayer la montée du mercure, les prophètes écologiques préconisent des solutions, indiquent des pistes. Le remplacement des moteurs à combustion par des moteurs à hydrogène est la plus technique des mesures. La séquestration des émissions de CO_2 par procédé chimique, la plus futuriste. La production d'énergie tirée de ressources renouvelables et la sortie progressive de la dépen-

---

1. La planète ne peut pas absorber davantage que 3 milliards d'équivalent carbone par an. Chaque humain ne devrait pouvoir dépenser que 500 kilos d'équivalent carbone par an (équivalent d'un simple Paris-Rome en voiture).

dance pétrolière, la plus idéaliste. Le recours au nucléaire par la fission ou la fusion de l'atome, la plus prisée. L'économie d'énergie à laquelle chaque être humain s'emploierait est la plus simple. Cette dernière me plaît. On peut l'appliquer dans la discrétion, l'intimité, sans profession publique de principe. Le changement climatique est une menace en suspens qui sanctionnera un jour les actes de chacun. Cette mesure impose une réforme de soi-même. Elle demande davantage qu'une collection de gestes quotidiens. Elle exige de changer son attitude de vie comme on rectifie la tenue le jour d'une revue.

Le philosophe allemand Peter Sloterdijk[1] professe que l'homme s'est distingué du règne animal en s'isolant dans des sphères mentales (la conscience de soi, la culture) et des sphères matérielles (la maison, la ville). L'effet de serre ne serait-il pas la conséquence d'un effet de sphères ? À trop vivre en nos bulles individuelles nous avons oublié que nous vivions sur une boule unique. Le jour où nous renouerons avec son sol, recommencerons à en caresser la surface, le jour où nous baisserons la température à laquelle brûle notre amour de nous-mêmes, le climat général retombera peut-être.

« La terre n'est à personne, le fruit est à tout le monde », disait Gracchus Babeuf ! Proclamons que la terre n'est à personne et que ses fruits lui appar-

---

1. *Sphères I-Bulles*, 1998.

tiennent. Et à la manière des coureurs de bois sibériens, remercions-les en pensée, à chaque fois que nous les cueillons.

Je quitte les agents du terminal de Yumurtalik et retourne aux villages côtiers. Le soleil du soir est aussi gras qu'une pêche. Un groupe de scientifiques missionnés par la Botas s'avancent sur la plage bordée d'installations. La veille, ils ont sauvé une portée d'œufs de tortues qu'un renard avait dénichée et s'apprêtait à dévorer. Les bêtes ont éclos dans la nuit.

Les doigts du biologiste en chef s'ouvrent et laissent couler sur le sable les petits êtres. Ils battent le sol de leurs nageoires, vers la mer. Leurs efforts semblent inouïs. Leurs gènes les guident centimètre par centimètre, jusqu'à la langue du ressac qui les happera un à un. Course à la vie pathétique, sublime. Les vingt mètres qui les séparent des eaux sont une immensité. Les crabes peuvent attaquer à tout instant. Sur mille tortues qui naissent, une seule survit. Trente ans plus tard, elle reviendra pondre à l'endroit précis où elle est née, s'aidant de la cartographie mentale que les champs magnétiques ont gravée à l'éclosion dans son cerveau antédiluvien. Désormais, lorsque devant moi se dressera un obstacle duquel je n'aurai qu'une infime chance de triompher, je viderai un verre à la gloire éternelle des tortues de Yumurtalik avant de foncer, tête baissée.

Les membres de l'organisation font une haie d'honneur à la course vitale. La première tortue touche la lisière d'écume. Une vague l'avale. La seconde disparaît, la troisième aussi. Toutes réussissent à gagner la mer. Les élues vivront cent ans.

Le tanker japonais se rapproche. Pendant combien d'années le pipeline occidental crachera-t-il son or à plein rendement ? Au rythme de nos fièvres, moins de temps que ne vivra une seule des tortues de Yumurtalik !

Lorsque la lumière s'éteindra dans les centres de nos mégapoles, l'une des tortues du soir continuera peut-être de battre le fond des océans de ses lentes nageoires. Elle retrouvera la plage de ses premiers pas. Se hissant sur le rivage, guidée par l'instinct, elle déposera ses œufs sur le sable, petits barils de vie qui contiennent en eux le principe entier de l'univers : ce besoin de croître, de souffrir et de vivre, cette obstination à mener la course sans qu'il n'y ait aucune bonne raison apparente de le faire.

L'énergie, cette faculté de se précipiter dans l'inconnu.

FIN.

Cartes

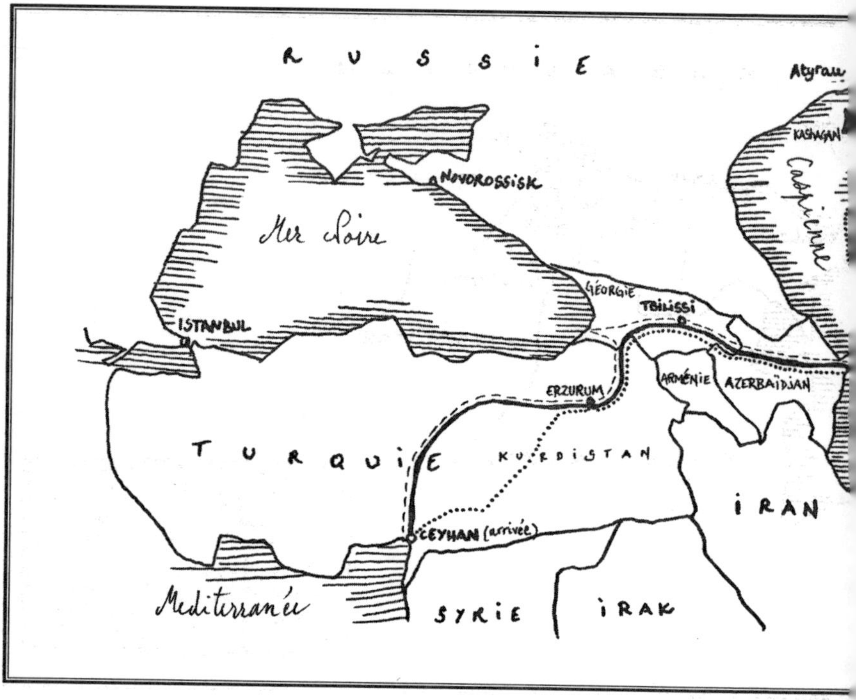

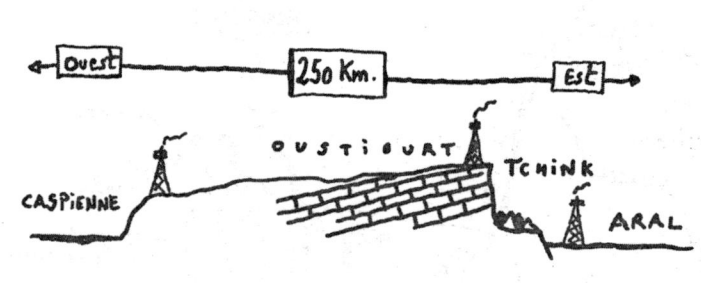

Carte 1. – Itinéraire de l'auteur sur les chemins de l'énergie.

Cartes 2-3. – Les gazoducs de l'Oustiourt. Le relief de l'Oustiourt.

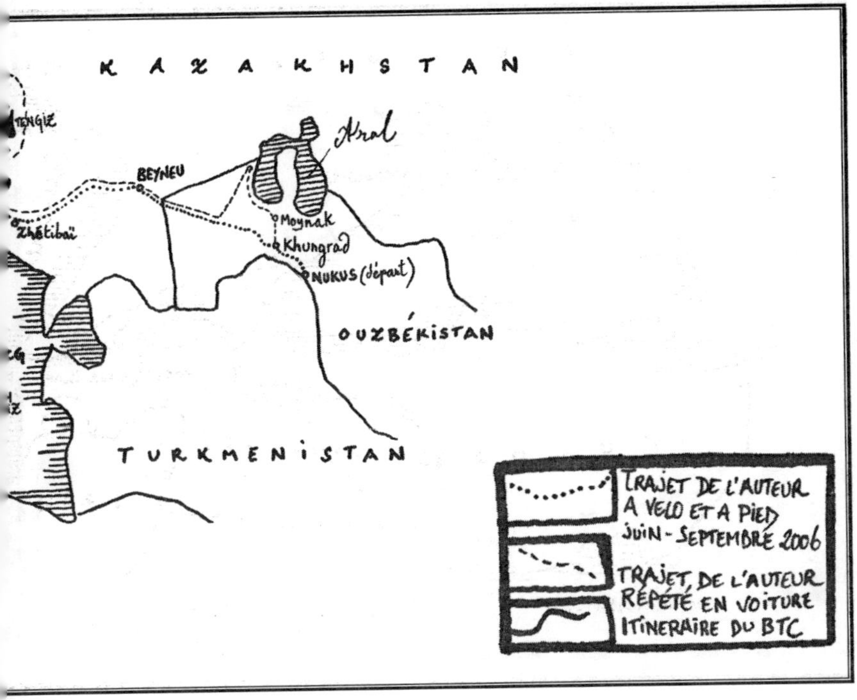
KAZAKHSTAN
TENGIZ
Aral
BEYNEU
Zhétibaï
Moynak
Khungrad
NUKUS (départ)
OUZBÉKISTAN
TURKMENISTAN
TRAJET DE L'AUTEUR A VELO ET A PIED JUIN - SEPTEMBRE 2006
TRAJET DE L'AUTEUR RÉPÉTÉ EN VOITURE
ITINERAIRE DU BTC

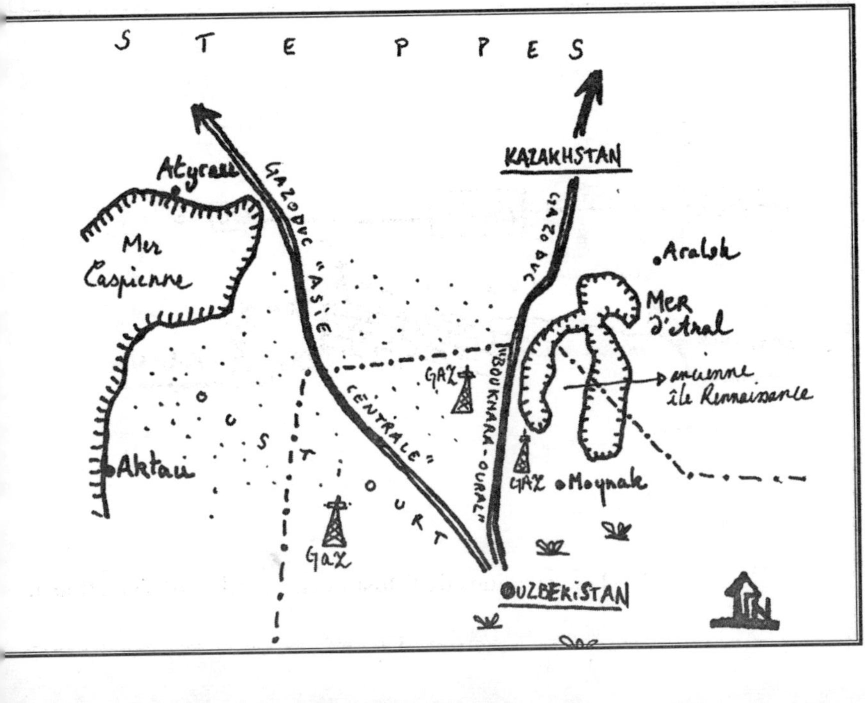
STEPPES
KAZAKHSTAN
Atyrau
Mer Caspienne
GAZODUC "ASIE CENTRALE"
GAZODUC "BOUKHARA-OURAL"
Aralsk
Mer d'Aral
ancienne île Renaissance
OUST-OURT
GAZ
GAZ
GAZ
Moynak
Aktau
OUZBEKISTAN

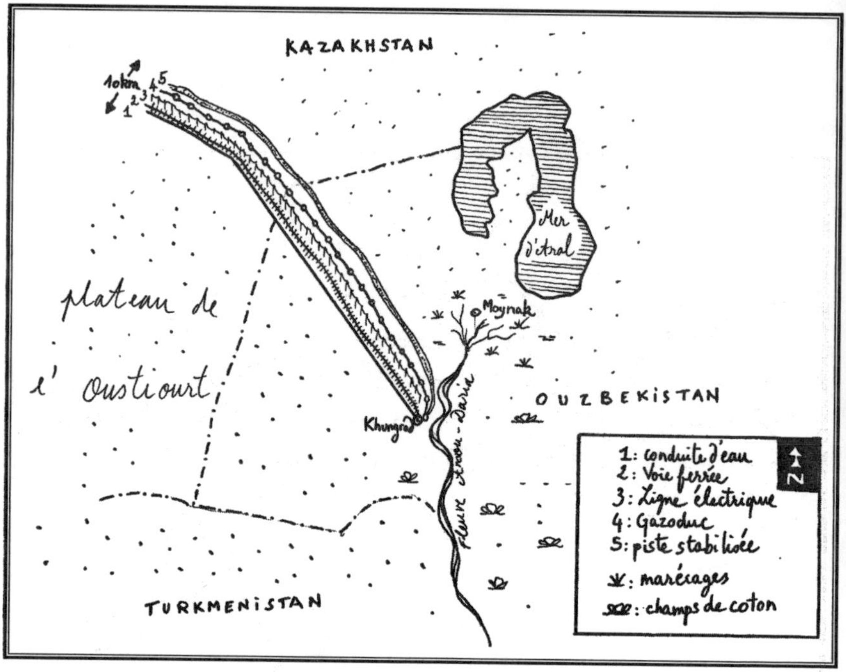

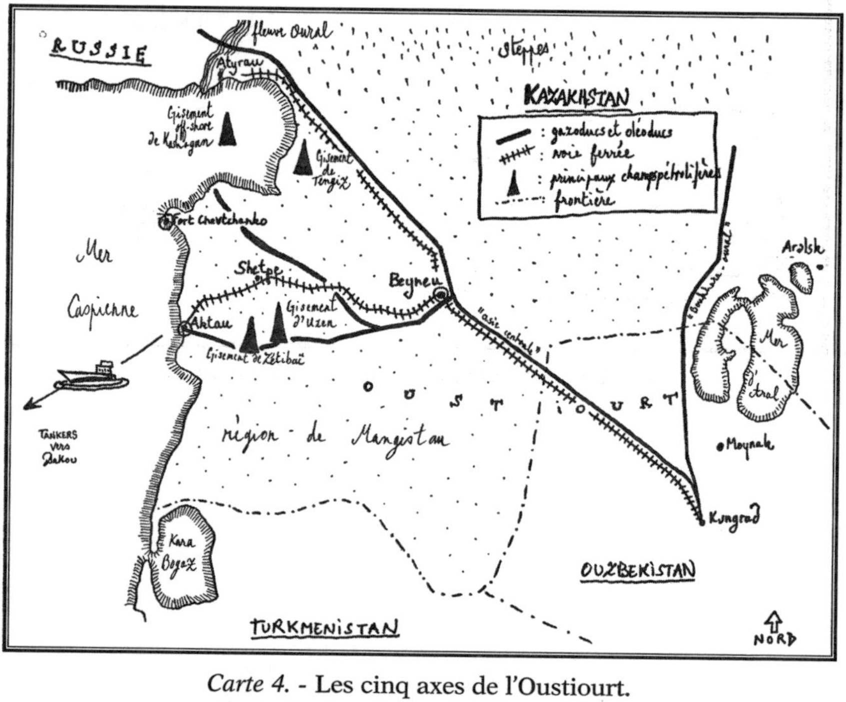

Carte 4. – Les cinq axes de l'Oustiourt.
Carte 5. – La région du Mangyshlak.

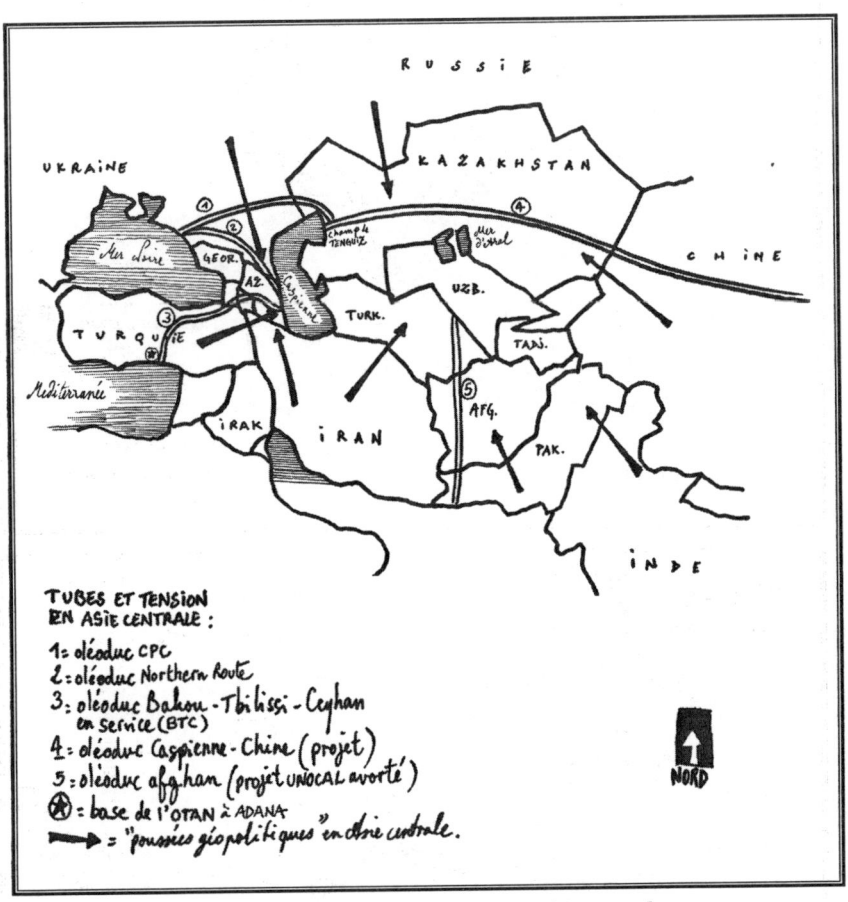

Carte 6. - Tubes et tensions en Asie centrale.

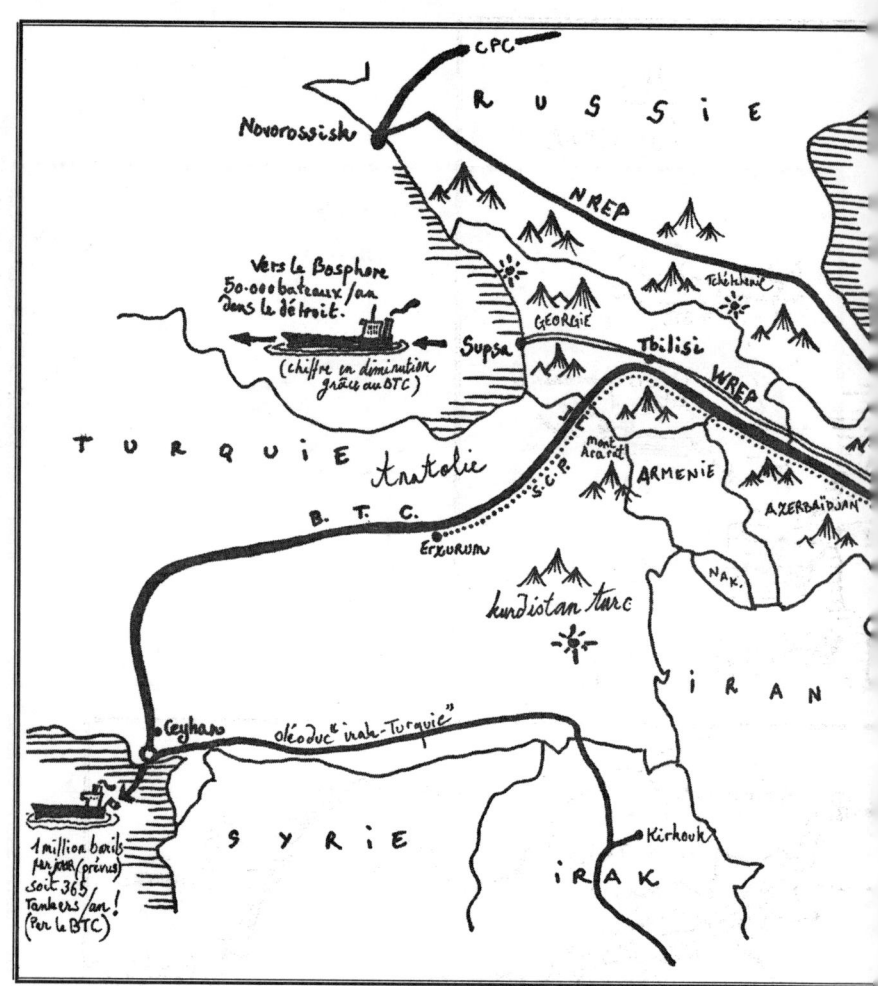

Carte 7. - L'oléoduc Bakou-Tbilissi-Ceyhan.

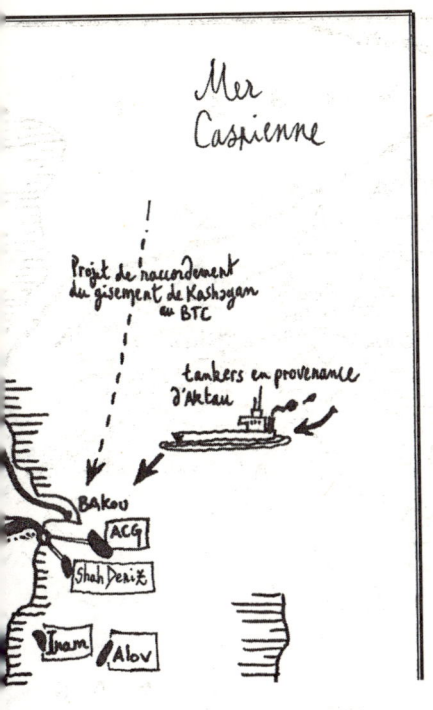

Carte 8. - Le BTC en Azerbaïdjan.

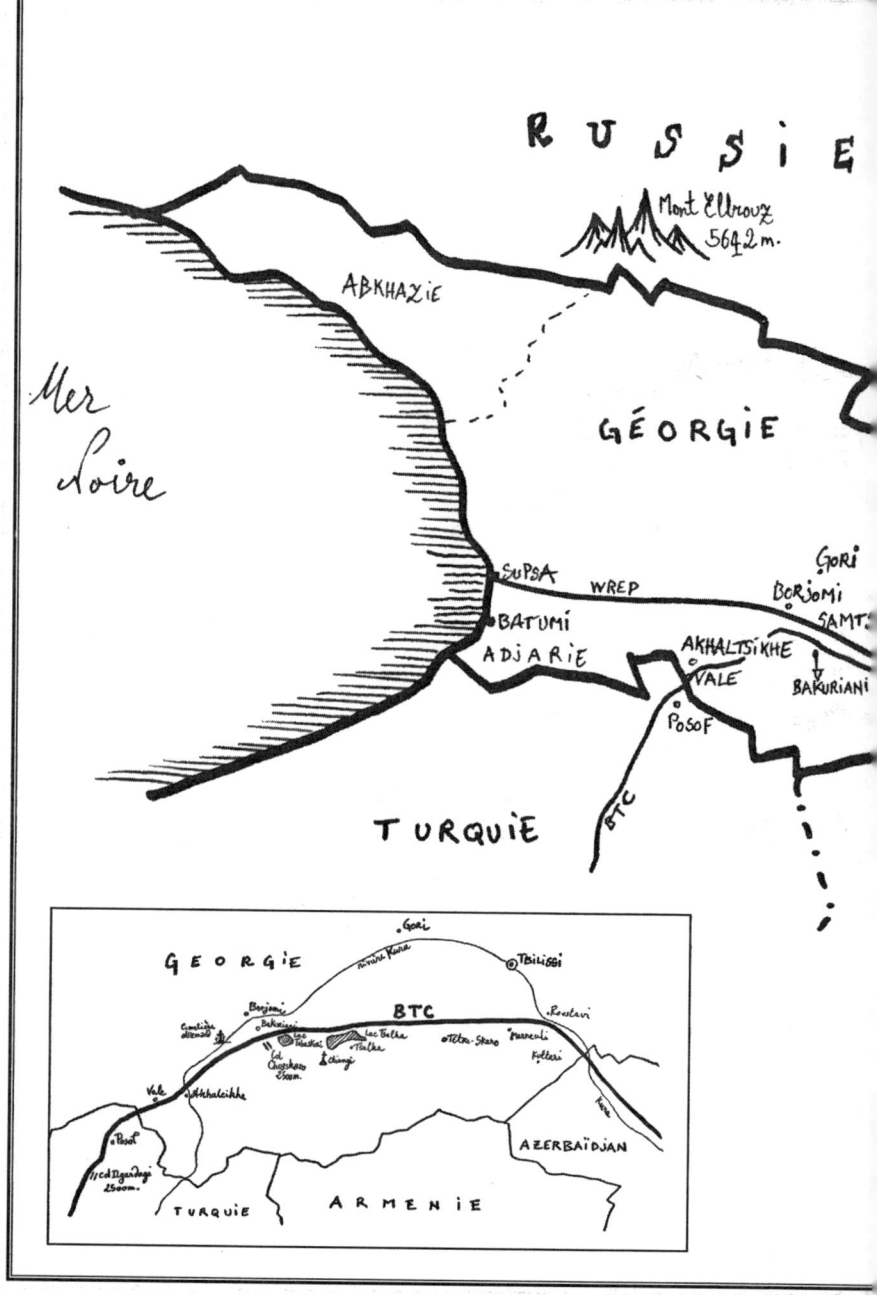

Carte 9. - **Le BTC en Géorgie.**

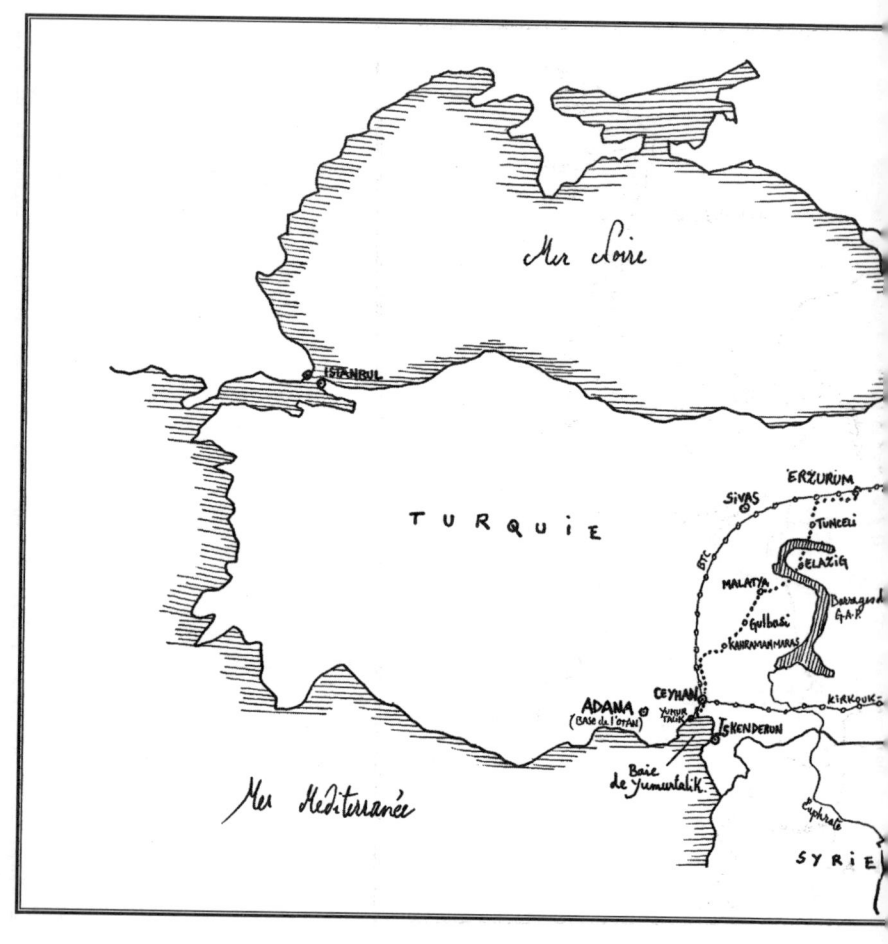

Carte 10. - Le BTC et l'itinéraire de l'auteur en Turquie.

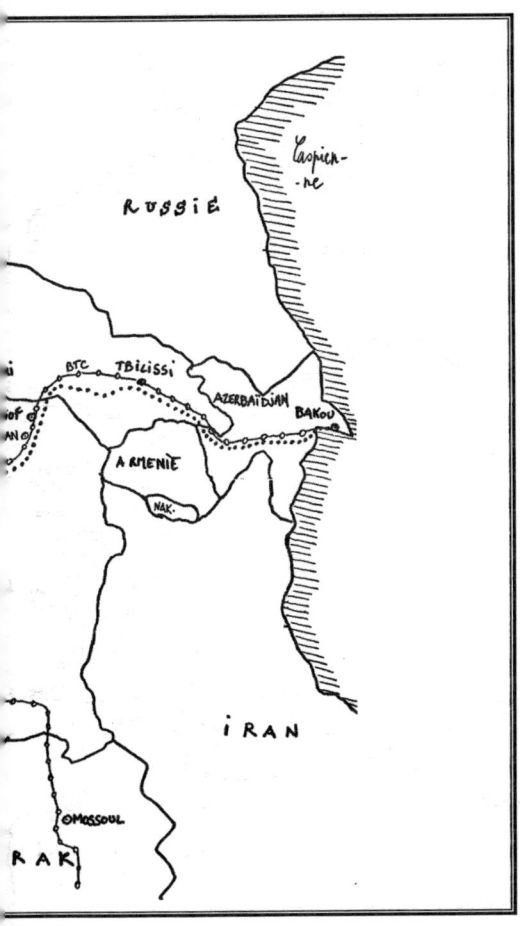

*Achevé d'imprimer
sur Roto-Page
par l'Imprimerie Floch
à Mayenne, en décembre 2006.
Dépôt légal : janvier 2007.
Numéro d'éditeur : 43.
Numéro d'imprimeur : 67233.*

ISBN : 978-2-84990-055-0 / Imprimé en France.